Student Activities Manual

PONTI

Third Edition

Tognozzi / Cavatorta

ELISSA TOGNOZZI

University of California, Los Angeles

GIUSEPPE CAVATORTA

University of Arizona

ANNA MINARDI

Dartmouth College

HEINLE
CENGAGE Learning

Australia • Brazil • Japan • Korea • Mexico • Singapore • Spain • United Kingdom • United States

For product information and technology assistance, contact us at
Cengage Learning Customer & Sales Support, 1-800-354-9706

For permission to use material from this text or product, submit all requests online at **www.cengage.com/permissions**
Further permissions questions can be emailed to
permissionrequest@cengage.com

ISBN-13: 978-1-111-83693-1

ISBN-10: 1-111-83693-0

Heinle
20 Channel Center Street
Boston, MA 02210
USA

Cengage Learning products are represented in Canada by Nelson Education, Ltd.

For your course and learning solutions, visit **www.cengage.com**

Purchase any of our products at your local college store or at our preferred online store **www.cengagebrain.com**

Printed in the United States of America
1 2 3 4 5 6 7 15 14 13 12 11

Contents

VIDEO MANUAL

To the Student

This *Student Activities Manual (SAM)* is an important component of the ***Ponti: italiano terzo millennio, Third Edition*** program. Its purpose is to reinforce the structures and vocabulary presented in the text and to provide guided practice in the reading, writing, listening, and speaking skills you need to communicate in Italian.

The Workbook

The Workbook activities are varied and engaging. They range in type from structured true/false, fill-in-the-blank, sentence-completion, transformation, and matching exercises to more open-ended questions and illustration-based activities.

Each chapter of the Workbook consists of two sections, **Lessico** and **Grammatica**. Both draw on the content of the corresponding sections in the textbook. The *Lessico* activities put to use the theme-based vocabulary presented in each chapter. In the **Grammatica** activities, you will use the grammar structures presented in the chapter.

Answers to the Workbook activities appear in a separate *SAM Answer Key*, which may be made available to you at the discretion of your institution.

Some tips for using the Workbook:

- Do the activities with your textbook closed.
- Check your answers promptly against the *Answer Key* (if available).
- When you answer incorrectly, first review the items you got wrong and try to pinpoint whether you simply forgot a word or a form or misunderstood a concept. Then review the corresponding section in the textbook. Make notes to use as a study guide for quizzes and tests.

The Lab Manual and Audio CD Program

The activities in the Lab Manual are linked to the Audio CD Program for ***Ponti: italiano terzo millennio, Third Edition***. These components aim to improve your pronunciation by means of practice, repetition, and illustration of differences between Italian and English sounds. Regular use of the Lab Manual and Audio CD Program will also enhance your listening-comprehension skills by exposing you to a range of Italian accents and authentic language as spoken by Italians from different regions of the country.

Using the Lab Manual and Audio CD Program will also enhance your abilities to respond quickly to oral cues in Italian, to write what you hear accurately, and to apply the rules of spelling in Italian.

Like the Workbook, the Lab Manual and Audio CD Program focus on the vocabulary and structures presented in the corresponding chapters of the text. Each chapter of the Audio CD Program begins with exercises on a particular sound or combination of letters, or on such distinctive features of Italian as double consonants and written accents. The goal of these exercises is to strengthen the association in your mind between the written word and the sounds of spoken Italian.

Answers to the Lab Manual activities appear in a separate *SAM Answer Key*, which may be made available to you at the discretion of your institution.

Some tips for using the Lab Manual and Audio CD Program:

- The directions for completing activities are more complex and varied than in first-year language programs. Read the printed directions and skim the content of each activity before you listen to the audio.

- When an exercise asks you to repeat words or phrases, make an effort to imitate the speaker's pronunciation, intonation, and inflection as closely as you can. Then replay the audio and talk simultaneously with the speaker, trying to duplicate the speaker's speech patterns.

- Don't expect to grasp and complete the activity in one listening. Replay the audio as many times as you need to.

- When you are asked to restate or rewrite sentences, first take notes as you listen, and then pause or stop the audio to write.

- As in the Workbook, pay attention to items that cause you trouble and try to pinpoint whether you just need more practice or should review the corresponding section of the textbook. Make notes to use as a study guide for quizzes and tests.

The Video Manual

The Video Manual contains short situational scenes for each chapter that support chapter themes, vocabulary, and grammar and demonstrate everyday interaction. These scenes are meant to give you a clearer understanding of how native speakers pronounce things in context, and to understand meaning conveyed by word choice, stress and intonation patterns, and body language.

Answers to the Video Manual activities appear in a separate *SAM Answer Key*, which may be made available to you at the discretion of your institution.

Some tips for using the Video Manual:

- Watch the video first without sound. Analyze the clip by asking yourself questions, such as: Who are the characters? What is their relationship to each other? What are they trying to accomplish? Infer what is being said and describe the situation that you see. Then view the video with sound. Check your predictions.

- Watch the video numerous times. There will be new things noticed each time.

- Make note of pauses, stress, and intonation, paying attention to clearly stressed elements as well as unstressed words.

- As in the Workbook and Lab Manual, pay attention to items that cause you trouble and try to pinpoint whether you just need more practice or should review the corresponding section of the textbook.

Workbook

CAPITOLO 1

Italamerica?

Lessico

A Definizioni. Abbina la parola nella colonna di sinistra con la definizione nella colonna di destra.

1. _____ doppiaggio
2. _____ concorrenza
3. _____ appropriarsi
4. _____ a posto
5. _____ influsso
6. _____ scambio
7. _____ meeting
8. _____ boom
9. _____ club
10. _____ weekend
11. _____ americaneggiante
12. _____ sentirsi a disagio
13. _____ il caffè corretto
14. _____ da asporto

a. periodo di intensa crescita

b. una cosa che possiamo comprare e portare a casa

c. che imita modi di fare americani

d. operazione per presentare un film in una lingua diversa da quella originale

e. fare proprio

f. sensazione negativa

g. azione o potere su qualcuno o qualcosa

h. ultimi due giorni della settimana

i. gara fra persone aspiranti alla stessa cosa

j. tutto in ordine

k. luogo d'incontro tra soci

l. bevanda con un po' di liquore

m. un incontro per discutere e lavorare

n. azione di dare una cosa e riceverne un'altra

B Al bar. Giovanni e Elisa decidono di andare al bar. Metti in ordine le loro azioni usando le lettere da **a** ad **i**.

1. _____ Lasciano una mancia.
2. _____ Ordinano un caffè e una pasta.
3. _____ Escono dal bar.
4. _____ Decidono di andare al bar.
5. _____ Guardano le paste.
6. _____ Vanno verso la cassa.
7. _____ Bevono il caffè.
8. _____ Prendono lo scontrino.
9. _____ Entrano nel bar.

C Le città urbane. Fa' una lista delle caratteristiche culturali che ti aspetteresti di trovare a Roma o a Los Angeles. Pensa alle persone, ai palazzi, al modo di vivere o alla vita notturna.

ESEMPIO

Roma | Los Angeles
fontane vecchie | *case cinematografiche*

Roma

1. _____

2. _____

3. _____

4. _____

5. _____

Los Angeles

1. _____

2. _____

3. _____

4. _____

5. _____

D Graffiti. In molti paesi la parola *graffiti* è usata per descrivere il lavoro degli artisti delle bombolette spray. Spesso, però, il linguaggio associato ai graffiti è l'inglese. Leggi il seguente brano e cerca di indovinare il significato delle parole in corsivo. Poi scrivi le tue definizioni.

I graffitisti

In molti paesi del mondo, i *writers* dello spray dicono di volersi esprimere e di aggiungere colore ai monumenti grigi, ai muri ed ai mezzi di trasporto. È il loro commento a una società a cui appartengono ma in cui si sentono frustrati. Un *piece* può essere un'autoaffermazione e un'espressione artistica. C'è spesso una grande competizione tra un *crew* e un altro e per questo il *tag* diventa importante. Il *tag* è spesso realizzato con lettere stilizzate in colori vari e non ha bisogno di molto tempo per essere prodotto così come i *throw ups* che sono *tags* più complicati. Hanno pure *tag toolz* per rifinire i contorni.

---

1. writers: _____

2. piece: _____

3. crew: _____

4. tag: _____

5. throw ups: _____

6. tag toolz: _____

E **Mini-conversazioni.** Completa le seguenti mini-conversazioni usando la parola corretta.

boom	computer	facciamo concorrenza	film	Internet	slogan
caffè	doppiaggio	fare le spese	high-tech	meeting	test
club	email	fax	influsso	scambio	weekend

MINI-CONVERSAZIONE 1

ALESSIO: Ciao, Maurizio, cosa fai questo _____ (1)?

MAURIZIO: Vado al cinema per vedere quel nuovo _____ (2) di Spielberg. Mi vuoi accompagnare?

ALESSIO: Vorrei ma devo _____ (3). Ho bisogno di comprarmi un nuovo _____ (4) perché

spedisco tanti documenti e il mio non funziona più. Senza queste macchine _____ (5), non

riesco più a lavorare!

MAURIZIO: Si capisce. Passo delle ore davanti al _____ (6) per controllare l' _____ (7). Sono

proprio contento di andare al cinema e non farlo per qualche ora!

ALESSIO: Hai ragione. Delle volte mi sento uno schiavo, ma ormai siamo nel ventunesimo secolo e c'è poco da fare.

Divertiti al cinema!

MINI-CONVERSAZIONE 2

BRUNO: Marisa, a che ora abbiamo il _____ (8) con il direttore?

MARISA: A mezzogiorno. Perché abbiamo un altro incontro questa settimana?

BRUNO: Dobbiamo creare uno _____ (9) per la nuova marca di _____ (10) che venderemo su

_____ (11).

MARISA: Bisogna essere molto creativi perché _____ (12) alla Lavazza!

BRUNO: Hai ragione! Porta tutte le tue idee!

Grammatica

F Attrici famosissime e diversissime. Guarda i ritratti di queste due famose attrici italiane così diverse tra loro. Poi parla delle loro differenze e somiglianze usando il comparativo di maggioranza, d'uguaglianza e di minoranza completando le frasi suggerite (attenzione all'accordo degli aggettivi).

Monica Bellucci

Nicoletta Braschi

ESEMPIO

Monica Bellucci è *meno divertente di* Nicoletta Braschi. (– divertente)

1. Monica Bellucci è _____ Nicoletta Braschi. (+ ricco)

2. Monica Bellucci è _____ Nicoletta Braschi. (– tenero)

3. Nicoletta Braschi ha _____ ammiratori _____ ammiratrici. (+)

4. Il marito di Nicoletta Braschi è _____ marito di Monica Bellucci. (+ famoso)

5. Ne *La vita è bella* Nicoletta Braschi ha _____ Monica Bellucci. (– capelli)

6. Monica Bellucci è _____. (+ sexy / intelligente)

7. Nicoletta Braschi ha ricevuto _____. (= premi / critiche)

8. Monica Bellucci ha recitato _____. (– in teatro / al cinema)

G Bar Gianni o Bar Sport? Paragona i prezzi dei due bar usando il comparativo di maggioranza, d'uguaglianza e di minoranza. Fa' attenzione all'uso delle preposizioni articolate.

BAR GIANNI		BAR SPORT	
Caffè €0.90		Caffè €0.90	
Cappuccino €1.10		Cappuccino €1.00	
Tè €1.20		Tè €1.50	
Bibite €2.00		Bibite €1.80	
Spremute €2.50		Spremute €2.50	
Paste €1.50		Paste €1.40	
Tramezzini €3.00		Tramezzini €4.00	
Panini €3.50		Panini €4.50	
Aperitivi €4.00		Aperitivi €3.50	
Liquori €5.00		Liquori €4.50	

© Cengage Learning 2013

ESEMPIO

(Liquori / +) *I liquori del Bar Gianni costano più dei liquori del Bar Sport.*

1. (Aperitivi / +) _____

2. (Tramezzini / –) _____

3. (Caffè / =) _____

4. (Bibite / +) _____

5. (Spremute / =) _____

6. (Liquori / –) _____

7. (Tè / +) _____

8. (Panini / –) _____

9. (Paste / +) _____

H Un'Italia americana? Completa il seguente brano usando **che**, **di** o **di** + *articolo*.

A mio padre non piace come l'Italia è cambiata negli ultimi anni e dice che assomiglia sempre di più agli Stati Uniti.

Ma le cose non stanno veramente così. Prima di tutto la vita italiana è molto più lenta _____ (1)

vita negli Stati Uniti. I negozi americani sono aperti per più tempo _____ (2) nostri e nelle

grandi città ci sono più cose da fare _____ (3) quello che si possa pensare. A New York e Los

Angeles ci sono più attività culturali _____ (4) a Roma o Milano e il pensiero di guidare per

più _____ (5) 100 chilometri per assistere a uno spettacolo non fa paura a nessuno. Per non parlare poi della tecnologia. Gli americani sono sicuramente più avanzati _____ (6) noi: in

Italia abbiamo ancora più telefonini _____ (7) computer! Per noi è più un atteggiamento

_____ (8) una necessità, mentre in America ormai buona parte della vita economica e

sociale si svolge (*takes place*) al computer. Forse i cambiamenti che ci sono stati sono più difficili da accettare per lui

_____ (9) per me, ma per ora non si può proprio dire che l'Italia sia meno bella e caratteristica

_____ (10) paese in cui mio padre era nato.

I **Acquisti sì, ma con un limite.** Cristina vuole fare un po' di compere per la festa di Halloween ma ha solo 80 euro e non sa quanto possa costare quello che desidera. Rispondi alle domande di Cristina seguendo il modello. Fa' attenzione a quando usare le preposizioni semplici e quelle articolate.

ESEMPIO

Quanto può costare un cappello da strega? (+ / 10 euro)
Non può costare più di dieci euro.

1. Quanto può costare una zucca (*pumpkin*)? (– / i dolci)

_____

2. Quanto può costare un chilo di dolci? (+ / le bibite)

_____

3. Quanto può costare uno scheletro di plastica? (+ / un costume da Batman)

_____

4. Quanto può costare una maschera da Frankenstein? (– / una parrucca [*wig*])

_____

5. Quanto possono costare i denti da Dracula? (+ / 7 euro)

_____

6. Quanto può costare un costume da King Kong? (– / un cappello da strega)

_____

J **Di ritorno da un viaggio per il mondo.** Alcuni tuoi amici sono appena tornati da un viaggio in alcune località turistiche. Completa le risposte usando il superlativo relativo secondo il modello.

ESEMPIO

Ti è piaciuta Montreal?
Certo, è *la* città *più europea del* Canada! (+ / europeo)

1. Sei andato a vedere il lago Michigan?

Certo, è _____ lago _____ regione dei Grandi Laghi. (+ / impressionante)

2. Hai mangiato la pizza a New York?

Certo, è _____ cibo _____ New York. (– / caro)

3. Hai comprato dei souvenir a Little Italy?

Certo, sono _____ souvenir _____ dai turisti. (+ / comprato)

4. Ti sono piaciute le Montagne Rocciose (*Rocky Mountains*)?

Certo, sono _____ montagne _____ Stati Uniti. (+ / alto)

5. Hai visitato il Museo di Arte Moderna a San Francisco?

Certo, l'arte è stato _____ aspetto _____ mio viaggio. (+ / importante)

6. Hai fatto fotografie a Disneyland?

Certo, sono _____ foto _____ mia raccolta. (+ / divertente)

7. Hai visto la barriera corallina in Australia?

Certo, è tra _____ luoghi _____ terra. (+ / bello)

8. Ti sei divertito a Sidney?

Certo, gli australiani sono _____ persone _____ mondo! (– / noioso)

Ⓚ Da un ristorante all'altro. Mentre cammini per una piazza italiana, senti qualcuno che fa commenti sul cibo che sta mangiando. Riscrivi le esclamazioni che hai sentito usando il superlativo assoluto secondo il modello.

ESEMPIO

Ancora fettuccine: sono *molto buone*!
Ancora fettuccine: sono buonissime!

© Cengage Learning 2013

1. Bevo vino in Italia perché è *estremamente economico*.

_____

2. I cuochi del ristorante «La Perla» sono *molto bravi*.

_____

3. Questi camerieri sono *assai gentili*.

_____

4. La vostra insalata caprese è *incredibilmente fresca*.

_____

5. Il tiramisù della Trattoria «Da Gigi» è *molto dolce*.

_____

6. Non mi piace questa pasta: è *troppo salata*.

_____

7. Alla fine del pranzo un caffè è *molto indicato*.

_____

8. I ristoranti italiani sono *molto eleganti*.

_____

L **Il linguaggio dei giovani.** Il Signor Fontana fa apprezzamenti sugli oggetti che vede nelle vetrine mentre passeggia per il centro con il figlio. All'entusiasmo del padre, il figlio fa eco usando il linguaggio dei ragazzi. Sostituisci ai superlativi usati dal Signor Fontana gli aggettivi preceduti dai prefissi **ultra-**, **stra-**, **extra-**, **super-** ed **iper-**.

ESEMPIO

Questo CD player è *bellissimo*.
Bellissimo? È strabello!

1. Quella televisione è *grandissima*. _____

2. Mi hanno detto che quel modem è *velocissimo*. _____

3. Quello stereo ha una linea *molto aerodinamica*. _____

4. Il cibo in questo ristorante è *sanissimo*. _____

5. L'ultimo libro di Severgnini è *interessantissimo*. _____

6. Le videocassette di Benigni sono *molto divertenti*. _____

7. Questo ristorante è *estremamente elegante*. _____

8. L'ultimo modello di questo computer è *molto caro*. _____

Ⓜ Esagerazioni di ogni tipo. Mirella è ammalata e decide di guardare un po' di televisione. Sfortunatamente ci sono troppi programmi che le interessano e così porta sette televisori nella camera da letto. Osserva quello che Mirella sta guardando e, per ognuno dei canali televisivi, completa le frasi qui sotto usando il superlativo idiomatico o irregolare corrispondente, secondo il modello. Usa le espressioni offerte, facendo attenzione all'accordo.

acerrimo	innamorato cotto	pieno zeppo	stanco morto
celeberrimo	pazzo da legare	ricco sfondato	

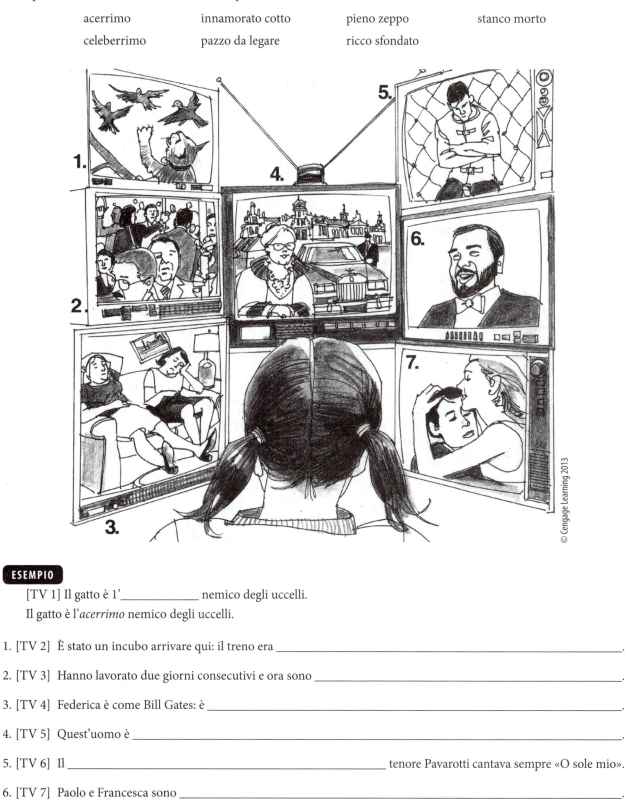

ESEMPIO

   [TV 1] Il gatto è l'_____ nemico degli uccelli.

   Il gatto è l'*acerrimo* nemico degli uccelli.

1. [TV 2] È stato un incubo arrivare qui: il treno era _____.

2. [TV 3] Hanno lavorato due giorni consecutivi e ora sono _____.

3. [TV 4] Federica è come Bill Gates: è _____.

4. [TV 5] Quest'uomo è _____.

5. [TV 6] Il _____ tenore Pavarotti cantava sempre «O sole mio».

6. [TV 7] Paolo e Francesca sono _____.

N *Il padrino* (*The Godfather*). Completa con le forme dei comparativi e superlativi irregolari di **buono**, **cattivo**, **grande** e **piccolo**.

Il film *Il padrino* è bellissimo ed è sicuramente il _____ (1) film sulla mafia che abbia mai visto. Anche se quello

degli «italiani mafiosi» è uno dei _____ (2) stereotipi che accompagnano gli italiani all'estero, la saga della

famiglia Corleone è uno dei _____ (3) capolavori del cinema americano. Il Don ha molti figli, l'ultimo dei quali

è Michele. La parte che preferisco è quando Michele, il figlio _____ (4), va in Sicilia perché Don Vito ha paura

che qualcuno possa fargli del male. La _____ (5) tensione però si raggiunge quando Michele torna negli Stati

Uniti e con i fratelli _____ (6) comincia a combattere con le altre famiglie. *Il padrino* è un _____ (7)

film e ha vinto moltissimi Oscar tra cui quello per il _____ (8) film dell'anno.

O **Pro e contro.** Cos'è meglio fare in Italia piuttosto che all'estero? E cosa invece è preferibile fare all'estero? Rispondi a queste domande scegliendo la forma appropriata (aggettivo o avverbio) del comparativo irregolare. (Fate l'accordo quando necessario.)

1. Mangiate in Italia! Là le persone seguono una dieta _____ (migliore / meglio), più sana e più equilibrata. Non

   mangiate ai fast food: vivrete di più e _____ (migliore / meglio).

2. Sciamo in Canada! Là la neve resiste _____ (migliore / meglio) e le piste da sci sono tra le _____

   (migliore / meglio) del mondo.

3. Guidare è un problema! Gli italiani guidano _____ (migliore / meglio) di tutti ma le strade sono tra le

   _____ (peggiore / peggio) del mondo.

4. Andiamo in barca a vela in Australia! I venti australiani permettono di pilotare _____ (migliore / meglio) e la

   temperatura è tra le _____ (migliore / meglio) del mondo.

5. Beviamo birra in Germania, in Irlanda ed in Inghilterra. Le loro birre sono tra le _____ (migliore / meglio)

   del mondo.

6. Compriamo vestiti fatti in Italia! Là la moda produce i _____ (migliore / meglio) abiti del mondo.

7. Cerchiamo lavoro negli Stati Uniti! Gli americani pagano _____ (migliore / meglio). In Italia il ritmo della

   vita è _____ (migliore / meglio) ma gli stipendi sono tra i _____ (peggiore / peggio) della Comunità

   Europea.

8. Compriamo tecnologia giapponese. I loro tecnici sono i _____ (migliore / meglio) del mondo.

P Un Oscar per tutti. Fa' la lista dei tuoi Oscar del secolo (*century*) per gli argomenti suggeriti qui sotto seguendo il modello.

ESEMPIO

(CD) *Il miglior CD del secolo è stato* Born this Way.

1. (libro) _____

2. (film) _____

3. (musical) _____

4. (concerto) _____

5. (opera) _____

6. (spettacolo televisivo) _____

7. (attore) _____

8. (canzone) _____

Q Cos'è meglio? Cos'è peggio? Ora pensa a quello che tu pensi che sia meglio o sia peggio fare nei seguenti paesi usando il modello fornito dall'esempio.

ESEMPIO

Grecia (visitare le piccole isole / viaggiare in macchina)
In Grecia è meglio visitare le piccole isole.
In Grecia è peggio viaggiare in macchina.

1. Italia (bere vino rosso / fare l'autostop) _____

_____

2. Stati Uniti (visitare i parchi nazionali / prendere la metropolitana a New York City) _____

_____

3. Australia (vedere la barriera corallina / mangiare carne di canguro) _____

_____

4. Inghilterra (salire sulla torre del Big Ben / fare il bagno nel Tamigi) _____

_____

5. Irlanda (alloggiare in un B&B / fare campeggio) _____

_____

6. Giappone (comprare prodotti Hi-Tech / camminare a piedi a Tokio) _____

_____

R Mentre sta succedendo. Trasforma le frasi al tempo progressivo usando **stare** al presente o all'imperfetto ed il gerundio.

1. Parlo inglese perché il mio amico è americano.

   _____

2. Le ragazze facevano shopping quando il padre le ha chiamate.

   _____

3. Gli scooter che guidiamo sono il mezzo di trasporto più sicuro in città.

   _____

4. Quei ragazzi sono stereotipicamente americani: bevono Coca-Cola e mangiano hamburger.

   _____

5. Non mi annoio, ma preferisco andare al cinema adesso.

   _____

6. Che cosa dicevi quando ti abbiamo interrotto?

   _____

7. Tu e il tuo amico sbagliate strada.

   _____

8. I ristoranti italiani diventano sempre più cari.

   _____

S Italamerica? In questo capitolo hai osservato come l'inglese abbia un grande influsso sulla lingua italiana. Scrivi cinque o sei frasi complete spiegando se, secondo la tua opinione, questo fatto arricchisca o impoverisca la lingua italiana.

_____

_____

_____

_____

_____

_____

_____

CAPITOLO 2

Mito o realtà?

Lessico

A In cerca di un'edicola. Completa il seguente brano con la parola corretta.

cronaca rosa	edicola	edizione straordinaria
fotoreporter	inviato	quotidiani
riviste	telegiornale	

Ieri sono uscita per cercare un' _____ (1) e ne ho trovata una favolosa. Non solo aveva

tutti i _____ (2) italiani ma anche moltissime _____ (3) straniere da

tutto il mondo. Ero uscita perché volevo comprare l' _____ (4) che era uscita poco prima.

Guardavo il _____ (5) e l' _____ (6) ha parlato della presenza di

Carolina di Monaco a una festa di beneficenza qui in città. Di solito non leggo la _____ (7)

ma quando escono notizie sulla principessa Carolina, non posso farne a meno. Non c'è dubbio che i

_____ (8) avranno scattato delle foto bellissime.

B Tutte le cronache. Metti i numeri dei titoli di notizie nella categoria di cronaca giusta.

Cronaca	Cronaca nera	Cronaca rosa

1. Scioperano bus e taxi

2. Tentato omicidio in Piazza Navona

3. La bella Cecilia dice: Tucci mi ha diffamato

4. Il cugino aveva progettato il delitto

5. Fine settimana di sole

6. In prigione un pericoloso boss mafioso

7. I segreti dei V.I.P.

8. Tradimento (*Unfaithful spouses*), un tema estivo

9. Treno deragliato a Genova

C **Che cos'è?** Collega le parole offerte alle definizioni appropriate.

1. _____ il mensile

2. _____ il fotoreporter

3. _____ la redazione

4. _____ l'edicola

5. _____ la cronaca rosa

6. _____ l'inviato

7. _____ l'abbonamento

8. _____ l'edizione straordinaria

a. il luogo dove si comprano i giornali

b. la cronaca che si occupa della vita degli attori

c. il giornalista che lavora all'estero

d. la persona che cura i servizi fotografici di un giornale o di una rivista

e. il luogo dove lavorano i giornalisti

f. un numero speciale di un quotidiano

g. un periodico che esce una volta al mese

h. sistema per cui pagando un'unica somma di denaro si ricevono tutti i numeri del giornale

D **Famiglie di parole.** Alcune parole appartengono a famiglie di parole. Leggi la parola data e pensa ad altre parole della stessa famiglia.

1. il giorno: _____

2. la settimana: _____

3. inviare: _____

4. il mese: _____

5. l'intervista: _____

6. i redattori: _____

7. la fotografia: _____

E Mini-conversazioni. Completa le seguenti mini-conversazioni usando la parola corretta.

abbonamento   cronaca   edizione straordinaria   edicola

fotoreporter   giornalista   inviato   quotidiano

redazione   telegiornale

MINI-CONVERSAZIONE 1

SERGIO: Hai visto il _____ (1) stasera?

GIUSEPPE: No, cos'è successo?

SERGIO: C'è stato un terremoto a Napoli.

GIUSEPPE: Molti feriti?

SERGIO: No, miracolosamente. Molti hanno perso la casa e parecchi palazzi sono crollati. C'era un

_____ (2) sul luogo che ha fatto delle foto incredibili.

SERGIO: Sicuramente ci sarà un' _____ (3) fra qualche ora. Perché non mi accompagni

all' _____ (4)?

GIUSEPPE: Buon'idea! Così leggiamo le più recenti notizie.

MINI-CONVERSAZIONE 2

STUDENTE: Ho deciso che cosa voglio fare.

MADRE: Finalmente! Che cosa?

STUDENTE: Voglio diventare _____ (5).

MADRE: Qualche volta può essere pericoloso quel lavoro.

STUDENTE: Lo so. Infatti, voglio lavorare alla _____ (6) di qualche quotidiano ma

continuare a viaggiare.

MADRE: Non vorrai dire che vuoi fare l' _____ (7) in qualche parte del mondo

dove ci sono situazioni problematiche?

STUDENTE: Purtroppo ci sono tante situazioni così e qualcuno lo deve pure fare.

MADRE: Qualcuno, certo. Ma perché proprio mio figlio?

Grammatica

F La strana vita dei giornalisti. Guarda le vignette e scrivi la storia in ordine temporale. Descrivi le azioni usando il passato prossimo dei verbi offerti tra parentesi. (Attenzione all'accordo dei participi passati.)

All Art © Cengage Learning 2013

Inizio: Michela si è svegliata alle 10.00.

1. Michela _____ alle 10.30 di mattina. (farsi la doccia)

2. Michela _____ alle 11.00. (fare colazione)

3. Michela _____ alle 11.45. (uscire)

4. Michela _____ alle 3.00. (leggere il giornale nel parco)

5. Michela _____ alle 5.00. (bere il tè con un'amica)

6. Michela _____ alle 7.30. (cenare in un ristorante elegante)

7. Michela _____ alle 10.00 di sera. (entrare in redazione)

8. Michela _____ alle 11.00 di notte. (scrivere il suo articolo al computer)

G Quando ero bambino/a. Nella tabella sono riportate le attività che Sergio e Luisa facevano da bambini. Seguendo le indicazioni temporali e usando quando possibile le espressioni di tempo appropriate (**ogni**, **spesso**, **tutti i giorni**, **di solito**, **mai**, **sempre**), ricostruisci le loro vite.

SERGIO	LUISA
❧ addormentarsi alle 9.00 di sera / 3 anni	❧ essere alta 75 cm / 3 anni
❧ non potere guardare la televisione / 5 anni	❧ volere diventare una ballerina / 5 anni
❧ andare a scuola / 6 anni	❧ dormire a casa della nonna il sabato sera / 6 anni
❧ giocare in giardino / 6 anni	❧ allacciarsi le scarpe da sola / 7 anni
❧ abitare a Firenze / 7 anni	❧ prendere lezioni di piano / tra i 6 e 12 anni
❧ non mangiare spinaci / tra i 6 e 12 anni	❧ frequentare la scuola media / 12 anni
❧ fare allenamento con la sua squadra di calcio / 12 anni	

ESEMPIO

andare a scuola / 6 anni

Sergio andava a scuola tutti i giorni quando aveva sei anni.

o A sei anni Sergio andava a scuola tutti i giorni.

1. (Sergio) _____

2. (Sergio) _____

3. (Sergio) _____

4. (Sergio) _____

5. (Sergio) _____

Capitolo 2 Mito o realtà? 19

6. (Sergio) _____

7. (Luisa) _____

8. (Luisa) _____

9. (Luisa) _____

10. (Luisa) _____

11. (Luisa) _____

12. (Luisa) _____

H Una vacanza disastrosa? Completa la lettera di Giovanna usando il passato prossimo dei verbi dati.

Ciao mamma,

ti scrivo dalla Sicilia dove sono appena arrivata. Questa vacanza non poteva essere peggiore almeno al suo inizio. Sono partita da Roma tre giorni fa, ma appena arrivata mi sono ammalata. _____ (1. dovere) chiamare il dottore e non _____ (2. potere) telefonarti perché il mio telefonino era scarico e non avevo una scheda telefonica. Non _____ nemmeno _____ (3. potere) rimanere nell'albergo che avevo prenotato perché non avevano mai ricevuto il pagamento dell'agenzia di viaggio. Quindi _____ (4. dovere spostarsi) con un autobus di linea fino a Catania. Lì _____ (5. sapere) che il traghetto per andare alle isole Eolie non fa servizio durante le vacanze di Pasqua. Non _____ (6. volere) rinunciare al viaggio, così sono andata all'aeroporto per vedere se c'era un volo da Catania a Pantelleria. _____ sempre _____ (7. desiderare) visitare l'isola più bella d'Italia e non _____ (8. potere) resistere quando ho trovato un biglietto. Ho speso 500 euro ma non mi lamento. Adesso che sono qui, sono felice e non ho intenzione di ritornare a Roma prima di quindici giorni.

Prima di partire non _____ (9. potere) ritirare i miei vestiti in lavanderia e nemmeno pagare le riparazioni. Mi puoi aiutare tu? Ho lasciato il tuo nome e il tuo indirizzo al lavasecco (*dry cleaner*) che ti telefonerà presto. Grazie.

Giovanna

❶ Abitudini diverse. Daniela risponde ad un sondaggio sulla sua rivista preferita per scoprire le abitudini degli studenti universitari. Rispondi negativamente alle domande seguendo il modello.

ESEMPIO

> Tu mangiavi spesso alla mensa? (casa)
>
> *Non ho mai mangiato alla mensa; mangiavo sempre a casa.*

1. Andavate sempre a scuola in autobus? (macchina)

   _____

2. I professori assegnavano troppi compiti? (letture)

   _____

3. Le vostre amiche uscivano tutte le sere? (solo il sabato)

   _____

4. Tu e i tuoi compagni facevate domande in classe? (ore d'ufficio)

   _____

5. Tua madre era preoccupata per te? (per mia sorella minore)

   _____

6. I tuoi amici abitavano in un'appartamento? (casa dello studente)

   _____

❶ Cronaca vera. Completa l'articolo con i verbi ausiliari appropriati. (I verbi devono essere coniugati.)

Nessuno crede più agli UFO ma pochi giorni fa in un paesino in Abruzzo anche gli increduli si

_____ (1) dovuti convincere del contrario. Alle nove di sera un gruppo di curiosi si

_____ (2) accorto che c'era qualcosa di strano all'interno del laghetto per la pesca sportiva.

Improvvisamente infatti, una luce molto forte _____ (3) dipinto il cielo di un colore

bluastro e _____ (4) reso tutto il paesaggio irreale. Contemporaneamente l'acqua si

_____ (5) mossa e quattro figure umane _____ (6) uscite correndo.

I curiosi _____ (7) scappati e _____ (8) cominciato a urlare

mentre i vigili del fuoco e la polizia raggiungevano il luogo dell'avvistamento. Davanti agli occhi di tutti, i quattro

«alieni» _____ (9) offerto un pacchetto agli agenti e _____ (10)

scomparsi da dove erano venuti. Le autorità _____ (11) scelto di non commentare sul fatto

e inoltre _____ (12) deciso di non rivelare il contenuto del «regalo» spaziale. Il dibattito si

_____ (13) comunque aperto e il nostro giornale _____ (14) svolto

indagini accurate che dimostrano senza alcun dubbio che la possibilità di un nuovo «incontro ravvicinato» non è

poi così lontana.

Capitolo 2 Mito o realtà? 21

K Oggi così, ieri lo stesso. Trasforma le seguenti frasi dal presente all'imperfetto seguendo l'esempio.

ESEMPIO

Sono le otto e il signor Matteini va in ufficio.
Erano le otto e il signor Matteini andava in ufficio.

1. Le edicole aprono sempre alle 7.00 e chiudono a mezzanotte.

_____

2. I giornalisti scelgono sempre le notizie che hanno maggior effetto sul pubblico.

_____

3. Le elezioni politiche dividono sempre gli elettori e causano accesi dibattiti.

_____

4. Le prime pagine dei giornali contengono sempre notizie sul terzo mondo.

_____

5. La moda italiana esprime sempre uno stile alternativo e raccoglie le più moderne tendenze dei giovani.

_____

6. Le forze dell'ordine scoprono sempre traffici illegali e lottano contro il mercato nero di sigarette.

_____

L Ieri. Costruisci delle frasi complete al passato prossimo con gli elementi dati per scoprire le notizie che Giuliano ha letto sul giornale.

ESEMPIO

Giuliano / svegliarsi / presto ed / uscire per comprare il giornale
Giuliano si è svegliato presto ed è uscito per comprare il giornale.

1. il presidente / presentare il suo programma al parlamento e / esprimere la sua solidarietà ai minatori in sciopero

_____

_____

2. il Papa fare / un viaggio in Giappone / e incontrarsi con l'imperatore

_____

_____

3. le attrici italiane / scendere le scale del salone delle feste e / aprire le danze

_____

_____

4. la moglie di quel senatore non / leggere mai un quotidiano / non guardare mai i telegiornali

_____

_____

5. il convegno internazionale delle Nazioni Unite / che svolgersi a Bruxelles / togliere ogni dubbio sulla possibilità di una guerra

_____

_____

6. quelle due giornaliste / conoscersi / un anno fa e / difendere insieme i diritti delle donne

_____

_____

Ⓜ La protesta dei giornalisti. Completa le seguenti frasi con la forma corretta del verbo al passato prossimo per raccontare quello che è successo alla protesta.

1. Durante la marcia per i diritti dei giornalisti, noi _____ (passare) davanti alla Casa Bianca.

2. Molti giornalisti _____ (saltare) il pranzo per partecipare alla protesta.

3. Appena il leader _____ (salire) sul podio, _____ (suonare) il suo

   telefonino.

4. Allora la folla _____ (cominciare) a urlare (*shout*).

5. Quando il leader _____ (cominciare) a parlare al telefono, gli altri

   _____ (iniziare) a protestare.

6. Il leader non ha potuto parlare ed _____ (scendere) dal palco tra i fischi (*boos*).

7. I fotoreporter _____ (correre) in redazione per un'edizione straordinaria.

Ⓝ Che distratto! Completa la descrizione di un'esperienza disastrosa con le forme dei verbi indicati al passato prossimo o all'imperfetto secondo i casi.

Ieri Marco _____ (1. accorgersi) di avere lasciato le chiavi di casa in ufficio proprio quando

noi due _____ (2. ballare) in discoteca. _____ (3. Essere) le undici

di sera e _____ (4. piovere) a dirotto. Marco allora _____ (5. prendere) la

macchina e _____ (6. correre) in ufficio. Quando lui _____

(7. aprire) la porta _____ (8. suonare) l'allarme e _____ (9. arrivare) la

polizia. Lui _____ (10. scendere) le scale e _____ (11. fingere)

di essere un addetto alla manutenzione. Gli agenti non _____ (12. credere) alla sua storia e lo _____ (13. portare) in Questura. Dopo alcuni minuti Marco _____

(14. dire) la verità e gli agenti _____ (15. scoprire) il motivo della sua visita. Mentre loro

_____ (16. perquisire, *to search*) la macchina _____

(17. trovare) un mazzo di chiavi nel baule (*trunk*)… _____ (18. essere) le chiavi di casa che

Marco _____ (19. avere) nascosto lì per non perderle in discoteca!

O Partenza dall'Italia. Elisa scrive un email ad Elena raccontandole quello che le è successo a Roma la settimana precedente. Scegli il verbo corretto ed inserisci la forma corretta del verbo al passato prossimo o all'imperfetto secondo i casi.

arrivare	costare	dovere (2v.)	decidere
essere	fermarsi	imparare	partire
perdere	sapere	tornare	

Cara Elena,
non ci crederai, ma la settimana scorsa _____ (1) un incubo. Io _____ (2) partire da Roma alle 17.30 del pomeriggio per rientrare a Toronto. La mattina del mio volo _____ (3) da Firenze con il treno delle 10.00, ora più che sufficiente per prendere l'aereo delle 17.30. Tutto era andato bene quando ad un tratto il treno _____ (4) tra Pisa e la Maremma. Nessuno capiva il motivo di questa sosta. Dopo un po' noi _____ (5) che il giorno prima i controllori avevano scioperato ma che non avevano ottenuto i risultati desiderati. Così i controllori, ancora arrabbiati, _____ (6) di fermare il treno in mezzo al binario. Conclusione: io _____ (7) a Fiumicino alle 17.45 e _____ (8) il volo. Non solo, ma siccome avevo un biglietto con molte restrizioni, _____ (9) comprare un nuovo biglietto, che _____ (10) più di 1000 euro. Che orrore! Io _____ (11) una cosa importante: cioè, di arrivare sempre un giorno prima della partenza! In ogni caso, io _____ (12) a Toronto sana e salva e non vedo l'ora di ritornare in Italia!

Un abbraccio,
Elisa

P **Campioni del mondo.** Completate l'articolo sulla finale della coppa del mondo tra Italia e Francia con le forme dei verbi indicati al passato prossimo o all'imperfetto secondo i casi.

Berlino (Germania), 9 luglio 2006. Non _____ (1. essere) facile ma snervante e laborioso tuttavia,

_____ (2. arrivare) il giorno della rivincita. La squadra italiana _____ (3. diventare) campione del

mondo dopo 120 minuti terribili, che _____ (4. offrire) emozioni e angosce a tutti i tifosi azzurri. Il pubblico

_____ (5. soffrire) fino alla fine e molti non _____ (6. potere) trattenere le lacrime quando Trezeguet

_____ (7. sbagliare) il rigore e del Grosso _____ (8. segnare) il goal decisivo. L'allenatore non

_____ (9. pensare) certo di conquistare un risultato del genere, ma, mentre _____ (10. coprirsi) gli

occhi per non vedere, _____ (11. sentire) l'ovazione del pubblico ed _____ (12. correre) a centro

campo per abbracciare i suoi. Roma, Milano, Palermo, ma anche tutte le più piccole cittadine di provincia

_____ (13. esprimere) la loro incontenibile gioia. _____ (14. Essere) quasi mezzanotte quando,

mentre i fuochi d'artificio _____ (15. colorare) il cielo dei colori dei campioni, in tutte le piazze italiane

_____ (16. iniziare) la festa che _____ (17. continuare) fino al mattino dopo. Campioni del mondo:

grazie azzurri (merci ☺)!

Q **Mito o realtà?** Scrivi cinque o sei frasi complete descrivendo in maniera giornalistica un evento di fantasia che potrebbe interessare il pubblico.

Titolo: _____

_____

_____

_____

_____

_____

_____

_____

_____

Terra di vitelloni e casalinghe?

Lessico

A Annuncio. Leggi i seguenti annunci personali e identifica le caratteristiche che Luca e Mariella hanno scelto come caratteristiche essenziali per un compagno/una compagna ideale. Scrivi gli aggettivi che usano per descrivere se stessi e le attività (verbi) che fanno.

LUCA	MARIELLA
Mi chiamo Luca e ho 35 anni. Sono un ragazzo padre e mio figlio, Filippo, ha 3 anni. Sono un uomo simpatico, paziente, disponibile e ottimista; credo nelle pari opportunità, ma sono un po' geloso in amore. Insegno a tempo pieno in una scuola elementare e nel tempo libero mi piace andare in palestra, fare esercizio all'aria aperta e suonare l'oboe. So stirare e faccio le faccende domestiche da me, ma, purtroppo, non so cucinare. Cerco una ragazza semplice, socievole e spiritosa che possa essere una buona madre per mio figlio. Odio le ragazze pigre ed egoiste, amo quelle fedeli e dolci.	Mi chiamo Mariella ed ho 27 anni. Mi sono sposata a 18 anni perché i miei genitori non accettavano la convivenza ma dopo 2 anni ho divorziato da mio marito. Non ho figli, ma mi piacerebbe averne. Lavoro in banca part-time. Mi piace cucinare, in particolare fare i dolci e la pasta fatta in casa. Vado al cinema almeno una volta alla settimana il sabato o la domenica e mi piace camminare in montagna. Sono una donna timida e riservata, ma quando conosco meglio una persona divento estroversa e socievole. Cerco un ragazzo responsabile ed onesto, che mi voglia bene ed eventualmente voglia sposarsi, avere dei figli con me e condividere le responsabilità di una famiglia. Odio i maschilisti ed i vitelloni, preferisco uomini indipendenti ma disponibili.

Caratteristiche proprie:	**Caratteristiche proprie:**
Caratteristiche desiderate:	**Caratteristiche desiderate:**
Attività:	**Attività:**

B **Vero o falso?** Secondo quanto letto nell'esercizio precedente, leggi le seguenti affermazioni e segna se sono vere o false.

	Vero	Falso
1. La moglie di Filippo è andata in vacanza.	❏	❏
2. Mariella fa la casalinga.	❏	❏
3. Filippo stira le proprie camicie.	❏	❏
4. Mariella odia i bambini.	❏	❏
5. Filippo insegna l'aerobica	❏	❏
6. Filippo è femminista.	❏	❏
7. La convivenza non era accettata dai genitori di Mariella.	❏	❏
8. Mariella si è sposata a 18 anni.	❏	❏
9. Un vitellone abita in casa di Mariella.	❏	❏
10. Filippo non fa le faccende domestiche.	❏	❏

C **Mini-conversazioni.** Completa le seguenti mini-conversazioni usando la parola corretta.

a tempo pieno	lecito	part-time	stiro
abbiamo divorziato	mi sposo	si occupa	vitellone
all'antica	pari opportunità	si ribella	vuole bene
bebè			

MINI-CONVERSAZIONE 1

MONICA: Ciao, Grazia. È tanto che non ci vediamo. Come state, tu e tuo marito?

GRAZIA: Non è più mio marito. _____ (1) sei mesi fa.

MONICA: Mi dispiace.

GRAZIA: Non ti dispiacere. Si comportava da _____ (2) e non ne potevo più.

MONICA: Allora, hai fatto bene!

MINI-CONVERSAZIONE 2

GIULIANO: Ehi, Sergio, novità?

SERGIO: Senti un po'. _____ (3) a novembre—in chiesa pure!

GIULIANO: Non ci credo.

SERGIO: Verissimo. Non solo. Diventerò padre perché Federica ha anche un _____ (4) di sei mesi.

GIULIANO: Allora, tante belle cose!

MINI-CONVERSAZIONE 3

SANDRA: Ciao, Loredana. Sono sfinita.

LOREDANA: Anche tu! Perché?

SANDRA: È tutto il giorno che _____ (5): camicie, lenzuola, vestiti.

LOREDANA: Ma tuo marito non ti può aiutare?

SANDRA: Figurati, è un marito _____ (6) e non gli verrebbe mai in mente di stirare.

LOREDANA: Va bene. Però _____ (7) di tante altre cose e delle volte cucina!

SANDRA: Hai ragione! Non posso lamentarmi troppo.

MINI-CONVERSAZIONE 4

BETTA: Ciao Patrizio. Vai a casa?

PATRIZIO: Sì, finalmente. In teoria lavoro _____ (8) per poter studiare, ma in realtà mi chiedono sempre di rimanere fino a tardi ed alla fine lavoro _____ (9).

BETTA: Anch'io sai? Ho trovato lavoro come consulente all'ambasciata e mi piace molto. Grazie alle nuove leggi sulle _____ (10), mi hanno assunta. Ai tempi di mia madre, non sarebbe stato possibile.

PATRIZIO: Perfetto! Sono contento per te.

BETTA: Grazie. Ciao—e non lavorare troppo!

Grammatica

D Che cosa fanno? Guarda le vignette e descrivi le attività delle persone riportate usando le preposizioni semplici o articolate secondo i casi.

1. _____

2. _____

3. _____

4. _____

5. _____

6. _____

7. _____

8. _____

E Così fan tutti. Completa le seguenti frasi con la preposizione semplice o articolata.

1. I bambini piccoli hanno paura _____ buio.

2. Dopo un anno di duro lavoro tutti hanno voglia _____ vacanze.

3. Il libro _____ studenti è _____ banco _____ classe.

4. Ricevo molte lettere _____ miei amici italiani. Io rispondo subito: scrivo email _____

   computer; è molto più facile così.

5. _____ cassetto _____ Giovanni ci sono _____ matite e _____ fogli

   di carta.

6. A casa nostra si mangia sempre _____ sala da pranzo. Quando abbiamo ospiti però prepariamo il tavolo

   _____ tovaglia ricamata _____ nonna.

7. —_____ dove viene il tuo amico Francesco?

   —È _____ Padova ma abita _____ Verona _____ suoi genitori.

F Lontano dagli occhi, lontano da… ? Completa il seguente brano usando la preposizione opportuna. (Attenzione all'eventuale uso della preposizione articolata.)

eccetto	insieme a	invece di	prima di
fino a	intorno a	lontano da	vicino a

MARCELLO: Elsa, sei poi uscita con Fabio ieri sera?

    ELSA: Ma no, sono stata a casa a studiare _____ (1) dieci e mezza, ho mangiato e _____ (2)

              undici mi sono messa a guardare un po' di televisione. _____ (3) guardare il mio solito telefilm,

              ho deciso di vedere quella trasmissione di appuntamenti al buio (*blind dates*) che c'è su Canale 5.

MARCELLO: Ah, sì, *Non ti scordar di me*, l'ho vista qualche volta ma mi sembra un po' assurda. Credo che sia tutta una

                messinscena (*set-up*) per fare spettacolo.

    ELSA: Aspetta! _____ (4) dare giudizi affrettati, senti cosa mi è successo.

MARCELLO: Va bene, ma calmati! Mi sembri un po' sensibile sull'argomento.

      ELSA: Infatti. Comunque la trasmissione comincia con una coppia al ristorante, lume di candela, champagne… e

              indovina chi vedo seduto al tavolo _____ (5) loro?

MARCELLO: Chi? Fabio?

ELSA: Proprio lui, era lì al tavolo, _____ (6) una ragazza che non avevo mai visto prima che si godeva la serata. E pensare che mi aveva detto che il mese scorso doveva andare a trovare la nonna malata! In ogni modo gli ho subito telefonato e mi sono fatta sentire, non voglio più vederlo né sentirlo nominare.

MARCELLO: Va beh, mi dispiace ma sai come si dice: lontano dagli occhi, _____ (7) cuore. Non pensarci più e concentrati sulla festa di venerdì. Ho già fatto alcuni inviti e ho scelto la musica. Sarà una festa indimenticabile.

ELSA: Benissimo, ma mi raccomando, invita pure chi vuoi _____ (8) Fabio, naturalmente.

G Fidarsi è bene, non fidarsi è meglio. Svolgi le seguenti frasi al presente o al passato prossimo (attenzione alle espressioni di tempo) utilizzando le preposizioni corrette secondo l'esempio.

ESEMPIO

ieri Marco / fidarsi / Giovanni
Ieri Marco si è fidato di Giovanni.

1. due giorni fa il marito / promettere / lavare i piatti ogni sera

   _____

2. da qualche anno le casalinghe / riuscire / avere una pensione integrativa

   _____

3. la seconda guerra mondiale / costringere / anche le donne / prendere posizione

   _____

4. oggi i problemi della famiglia / assomigliare sempre di più / un puzzle

   _____

5. recentemente i giovani / interessarsi / vita politica del paese

   _____

6. negli anni '70 le associazioni femministe / discutere / pregiudizi sul posto di lavoro

   _____

H Abitudini d'altri tempi. Rispondi alle domande del sondaggio seguendo il modello. (Considera che a ogni domanda segue una risposta negativa che prevede l'uso del trapassato prossimo e dell'imperfetto e eventualmente di una preposizione.)

ESEMPIO

> Prima di ieri sera studiavi in biblioteca? (ufficio)
> *Prima di ieri sera non avevo mai studiato in biblioteca. Studiavo in ufficio.*

1. Prima degli anni '70 le donne si spostavano in macchina per andare al lavoro? (bicicletta)

_____

2. Prima della legge sulla famiglia, gli uomini interrompevano il lavoro per prendersi cura dei figli? (malattia)

_____

3. Prima del 1972 le donne potevano divorziare? (solo separarsi)

_____

4. Le donne lavoravano in fabbrica prima della Grande Guerra? (casa)

_____

5. L'uomo camminava sulla luna prima del 1968? (terra)

_____

6. Abitavi con il tuo ragazzo prima dell'anno scorso? (genitori)

_____

I Una famiglia moderna. Completa il seguente brano con le forme corrette dei verbi tra parentesi. Usa il passato prossimo, l'imperfetto o il trapassato. (Attenzione alle espressioni di tempo.)

Ieri _____ (1. essere) il primo giorno di scuola. Stefania e Leonardo

_____ (2. accompagnare) insieme i loro bambini perché soprattutto Stefano,

il più piccolo, _____ (3. avere) molta paura. La settimana prima i nonni

_____ (4. dovere) restare a casa con loro perché entrambi i genitori

_____ (5. lavorare) a tempo pieno e non _____ (6. potere)

prendere nemmeno un giorno di riposo. Il lavoro del genitore è già abbastanza faticoso senza dover fare i conti con

la mancanza di strutture e l'incomprensione dei colleghi. In quei giorni, tutto _____

(7. sembrare) strano e i bambini _____ (8. sentirsi) in prigione poiché

_____ appena _____ (9. tornare) dalle vacanze e

non _____ (10. volere) stare sempre in casa dopo un mese di vita all'aria aperta.

Fortunatamente, dalla settimana prossima Stefano lavorerà part-time e la vita familiare ritornerà alla normalità.

J Quando è successo? Costruisci delle frasi complete usando il passato prossimo o l'imperfetto e il trapassato prossimo con gli elementi dati.

Giuliano / occuparsi del bebè / dopo che / la moglie / uscire di casa
Giuliano si è occupato del bebè dopo che la moglie era uscita di casa.

1. i senatori / appena / approvare la legge / quando / cominciare lo sciopero generale

_____

2. il ragazzo padre / già / cominciare a lavorare part-time / quando / sua madre / offrire il suo aiuto

_____

3. Marisa / non ancora / arrivare a casa / quando / suo marito / telefonare

_____

4. io e mia moglie / già / divorziare / quando / io / abitare a Roma

_____

5. loro / non ancora / sposarsi / quando / loro / avere / diciotto anni

_____

6. io / già / viaggiare / in Europa / quando / io / cominciare a studiare l'italiano e il francese

_____

K Uomini e donne. Nella tabella sono riportate le attività che Sabrina e Paolo fanno durante la giornata. Seguendo le indicazioni temporali e usando il trapassato (**già / non ancora**) e le preposizioni semplici o articolate, ricostruisci le loro giornate paragonando le varie attività.

SABRINA	PAOLO
1. 7.20 a.m. alzarsi (letto)	**1.** 7.00 a.m. preparare la colazione (cucina)
2. 8.30 a.m. uscire (casa)	**2.** 9.15 a.m. portare i bambini all'asilo (macchina)
3. 9.00 a.m. spedire un pacco (ufficio postale)	**3.** 10.00 a.m. bere il caffè (bar / amici)
4. 10.20 a.m. controllare la contabilità (computer)	**4.** 10.40 a.m. giocare (rubgy / stadio)
5. 12.40 p.m. pranzare (ristorante)	**5.** 5.20 p.m. leggere una rivista (divano)
6. 8.30 p.m. mettere i piatti sporchi (lavastoviglie)	**6.** 7.45 p.m. cercare i libri (studio)
7. 9.30 p.m. andare a vedere uno spettacolo (teatro)	**7.** 12.00 a.m. uscire (salotto) e andare (letto)

ESEMPIO

Sabrina: 7.20 a.m. alzarsi (letto) / Paolo: 7.00 a.m. preparare la colazione (cucina)

(Paolo) *Paolo aveva già preparato la colazione in cucina quando Sabrina si è alzata da letto.*

o *Sabrina non si era ancora alzata da letto quando Paolo ha preparato la colazione in cucina.*

1. (Sabrina) _____

_____

2. (Sabrina) _____

_____

3. (Sabrina) _____

_____

4. (Sabrina) _____

_____

5. (Paolo) _____

_____

6. (Paolo) _____

_____

7. (Paolo) _____

_____

8. (Paolo) _____

_____

L E tu l'avevi mai fatto? In questo capitolo abbiamo analizzato come descrivere eventi del passato avvenuti prima di un certo momento. Scrivi cinque o sei frasi complete, cominciando da un evento che ha cambiato la tua vita e descrivendo che cosa avevi o non avevi fatto prima di questo momento.

Titolo: Prima di… _____

_____

_____

_____

_____

_____

_____

_____

_____

_____

_____

_____

CAPITOLO 4

O sole mio?

Lessico

A Un complesso jazz. Identifica gli strumenti nel disegno. Scrivi il nome dello strumento preceduto dall'articolo determinativo.

© Cengage Learning 2013

1. _____

2. _____

3. _____

4. _____

5. _____

B All'opera. Completa il seguente dialogo con la parola corretta.

applaudire	ballare	cantante	fischiare
melodica	orecchio	palcoscenico	pianoforte
stonata	chitarra		

MOGLIE: Smettila! Non _____ (1)!

MARITO: Perché no? Sei _____ (2) come quel tenore?

MOGLIE: Ho un _____ (3) perfetto e sono anche educata.

MARITO: Cara mia. All'opera, chi non canta bene se la merita. In ogni caso, almeno non ho tirato un pomodoro.

MOGLIE: Sei impossibile. Ascolta questa nuova _____ (4) italiana. Ha una bellissima voce

_____ (5). Per lei puoi _____ (6).

MARITO: D'accordo.

MOGLIE: Adesso, occhi al _____ (7).

C Definizioni. Abbina la parola con la frase che meglio la descrive.

1. _____ il camerino

2. _____ il cantautore

3. _____ il violino

4. _____ ballare

5. _____ il ritornello

6. _____ il buttafuori

a. lo si fa in discoteca

b. uno strumento dell'orchestra

c. la persona che protegge il/la cantante dai fan

d. la parte di una canzone che si ripete

e. il luogo in cui i cantanti si preparano per il concerto

f. scrive il testo e la musica per una canzone

D **Una cartolina.** Scrivi una cartolina ad un tuo amico/una tua amica parlando di un concerto recente del tuo cantante o gruppo favorito. Usa queste parole ed espressioni nel testo della cartolina:

salire sul palcoscenico   disco ispirato

concerto tutto da cantare   il batterista

mettersi a ballare   musica di qualità

significato particolare   diecimila persone

_____
_____
_____
_____
_____
_____
_____   _____
_____   _____
_____   _____
_____   _____
_____
_____

E **Verbi musicali.** Completa le frasi con il verbo corretto e la forma corretta.

abbassare   alzare   applaudire   ballare

comporre   essere in tournée fischiare   suonare

1. I giovani musicisti sono stati invitati a _____ a Carnegie Hall.

2. Giacomo Puccini _____ dodici opere liriche, tra cui le più famose sono la *Bohème, Madama Butterfly* e *Tosca.*

3. Barishnikov _____ il balletto classico.

4. Noi _____ con entusiasmo quando finalmente il tenore è arrivato sul palcoscenico.

5. Voi _____ quando la soprano ha perso il ritmo?

6. Quell'orchestra _____ da un anno. Andranno in altri tre paesi e poi torneranno a Roma.

Grammatica

F Chi lo fa? Guarda le vignette e prima descrivi le attività presentate al presente. Poi riscrivi la frase utilizzando i pronomi oggetto diretto o indiretto seguendo l'esempio in numero uno.

ESEMPIO

Il ragazzo mette il libro nello zaino.

*Il ragazzo **lo** mette nello zaino.*

1. _____

_____

2. _____

_____

3. _____

_____

4. _____

_____

5. _____

_____

All Art © Cengage Learning 2013

6. _____

_____

7. _____

_____

G **Il mondo della musica.** Collega le domande alla risposta appropriata. Ricorda che la risposta contiene un pronome diretto, indiretto o combinato.

1. _____ Conosci la musica hip-hop italiana?

2. _____ Bisogna comprare i biglietti molto tempo prima del concerto?

3. _____ Hai mai detto una bugia a tuo padre per andare a un concerto?

4. _____ Mi accordi la chitarra, per favore?

5. _____ Volete telefonare ai vostri amici per invitarli alla festa?

6. _____ È vero che il tenore ha concesso il bis (*encore*) dell'aria della *Turandot*?

7. _____ Gli spettatori hanno mandato le rose alla prima donna?

a. Gliel'ho detta solo una volta.

b. Certo l'ha concesso alla fine del primo atto.

c. No, ma bisogna comprarli almeno due settimane prima.

d. Non gliele hanno mandate, l'hanno fischiata.

e. Sì, la conosco, ma non mi piace.

f. Non posso accordartela. È ancora nel baule della macchina.

g. Non vogliamo telefonargli, sono troppo rumorosi.

H **Come hai fatto?** Completa il seguente brano usando i pronomi doppi sottoelencati.

te li	glielo	te la	me lo
te lo	se l'	gliel'	me la

MAURIZIO: Sandra, ho una notizia fantastica, non crederai a quello che sto per dirti.

SANDRA: Ti prego, non tenermi sulle spine! _____ (1) devi dire subito!

MAURIZIO: Ti ricordi che ieri ti ho detto che due settimane fa sono andato al concerto dal vivo di De Gregori?

SANDRA: Sì! _____ (2) ricordo. Sarei venuta anch'io ma sai com'è mio padre… ma vai avanti; cos'è successo?

MAURIZIO: Dunque, all'inizio del concerto hanno annunciato che ci sarebbe stata un'estrazione con i numeri dei

biglietti d'ingresso e il vincitore avrebbe vinto una serata dietro le quinte (*backstage*) con lui.

SANDRA: Non posso crederci. Hai vinto tu?

MAURIZIO: Infatti! Ho passato tutta la sera con lui e i suoi musicisti e la maglietta di Elvis che mi avevi dato per

l'autografo è stato il mio regalo per lui. _____ (3) ho regalata e indovina un po' cosa ha fatto lui?

SANDRA: E lui, _____ (4) è messa al concerto?

MAURIZIO: Ma certo, mi ha anche ringraziato! Ma c'è di più: la prossima settimana siamo invitati ad andare al concerto

al Teatro Tenda e ci hanno dato due biglietti per due posti in prima fila. Sono un genio!

SANDRA: Ma come hai fatto? E perché _____ (5) hanno dati?

MAURIZIO: Ho detto che tu sei un'appassionata di musica rock e che hai una collezione completa di magliette originali. Anche lui è un collezionista. _____ (6) dicevo che sono un genio. Di' a tuo padre che è un'occasione da non perdere. Non credo che avrà problemi.

SANDRA: Non posso dir _____ (7). Parlo con mia madre stasera. Saprò la risposta verso le 8.00 e poi _____ (8) faccio sapere.

MAURIZIO: Va bene, ma fai presto ad organizzarti. Se tu non vieni, chiamo qualcun altro. Sarà un'esperienza indimenticabile!

I Dal vivo. Svolgi le seguenti frasi al presente o al passato prossimo, utilizzando i pronomi doppi secondo l'esempio. (Attenzione alle espressioni di tempo e all'accordo.)

ESEMPIO
ieri Marzia / spedire / i biglietti / a Gioia
Ieri Marzia glieli ha spediti.

1. due giorni fa il batterista / rompersi / una gamba

_____

2. voi / volere / scrivere / i testi delle canzoni / per me?

_____

3. al concerto di ieri sera / il cantante / non volere / fare / un autografo / a me

_____

4. noi / ricordarsi sempre / le parole delle canzoni

_____

5. recentemente i nostri genitori / dare consigli / a noi / su come comportarci ai concerti

_____

6. l'anno scorso / io / regalare / una batteria / a mio figlio / per il suo compleanno

_____

J In sala di registrazione. Rispondi affermativamente alle seguenti domande utilizzando i corretti pronomi doppi.

1. Hai chiesto al tecnico di controllare i microfoni?

   _____

2. Hai stampato i testi per le coriste?

   _____

3. Hai mandato gli inviti ai discografici?

   _____

4. Hai ricordato ai chitarristi di accordare gli strumenti?

   _____

5. Hai pagato gli stipendi ai buttafuori?

   _____

6. Hai insegnato il ritornello ai coristi?

   _____

K Il pronome neutro. Trasforma le frasi usando il pronome neutro **lo**.

ESEMPIO

   Non ho sentito che cosa hai detto.
   Non l'ho sentito.

1. Voglio sempre sapere quando i miei figli escono di casa.

   _____

2. Sapevi che Zucchero canta anche in inglese?

   _____

3. Non condivido quello che dici, ma ti appoggio.

   _____

4. La polizia ha ordinato ai fan di lasciare lo stadio.

   _____

5. Ho detto ai ragazzi di distribuire i volantini.

   _____

6. Vi ricordate quando è stato l'ultimo concerto di Jovanotti?

   _____

L La notte del concerto. Formula degli ordini usando i verbi indicati e l'imperativo formale o informale.

ESEMPIO

> Di' alla mamma di stare tranquilla.
> *Sta' tranquilla!*

1. Di' a tuo padre di uscire dall'uscita di sicurezza.

   _____

2. Di' ai tuoi amici di avere pazienza quando sono in coda alla biglietteria.

   _____

3. Di' ai tuoi professori di venire allo spettacolo con te.

   _____

4. Di' a tua sorella di essere silenziosa quando uscite di nascosto.

   _____

5. Di' alla Signora Brina di sapere suonare la batteria prima di presentarsi all'audizione.

   _____

6. Di' al Signor Carpo di stare tranquillo sotto il palco.

   _____

M Fatelo! Costruisci delle frasi complete usando l'imperativo formale o informale e i pronomi oggetto diretto, indiretto o combinati con gli elementi dati.

ESEMPIO

> Giuliano: allacciarsi la cintura
> *Giuliano, allacciatela!*

1. Senatori: approvare la legge sui diritti d'autore

   _____

2. Dottore: dare lo sciroppo alla corista

   _____

3. Mario: non portare i CD per noi

   _____

4. Io e la mia amica: mettersi il rossetto per andare al concerto

   _____

5. Tu e Marina: non farsi fare l'autografo sullo zaino

   _____

6. Direttore d'orchestra: non sgridare gli orchestrali

   _____

7. Roberto: salutare i musicisti per me

   _____

N **Nonni e nipoti.** A volte i gusti e le azioni dei più giovani non vanno d'accordo con quelle dei loro familiari. Cerca di dare dei consigli alla nonna e alla nipote per farle andare d'accordo. Usa l'imperativo formale e informale alla forma negativa o affermativa e i pronomi dove necessario.

NONNA ORSOLA	ROMINA
1. Non voglio ascoltare la musica rock.	7. Mi piace alzare il volume della radio al massimo.
2. Non lascio uscire mia nipote con quei ragazzacci.	8. Quando i miei amici vengono a casa nostra, dico alla nonna di andare in cucina.
3. Mi piace ascoltare le telefonate di mia nipote.	9. Lascio i miei vestiti e le mie scarpe per tutta la casa.
4. Mi preoccupo per mia nipote quando torna tardi.	10. Torno sempre tardi il sabato sera.
5. Leggo gli email di mia nipote quando lei non c'è.	11. Mi dimentico il compleanno della nonna.
6. Non offro bevande quando ci sono i suoi amici.	12. Prendo i soldi dal portafoglio della nonna.

1. (Nonna Orsola) _____

2. (Nonna Orsola) _____

3. (Nonna Orsola) _____

4. (Nonna Orsola) _____

5. (Nonna Orsola) _____

6. (Nonna Orsola) _____

7. (Romina) _____

8. (Romina) _____

9. (Romina) _____

10. (Romina) _____

11. (Romina) _____

12. (Romina) _____

O Un po' d'educazione! Non è educato usare l'imperativo informale con persone che non conosciamo bene. Cambia le seguenti frasi dall'informale al formale utilizzando anche i pronomi oggetto diretto, indiretto e riflessivi.

Accorda la chitarra!
La accordi!

1. Imparate lo spartito a memoria!

   _____

2. Canta la canzone di Ligabue!

   _____

3. Registrate il concerto di Zucchero!

   _____

4. Ascoltate l'opera domani sera!

   _____

5. Applaudi la soprano!

   _____

6. Da' a me quel disco!

   _____

7. Preparatevi a suonare per due ore!

   _____

8. Fa' il tuo assolo (*solo*)!

   _____

9. Siediti in prima fila!

   _____

10. Scrivi il testo per me!

    _____

P Una canzone italiana. Cerca su Internet il testo di una canzone italiana che ti piace. Scrivi qualche strofa del testo e spiega cosa significa per te e perché ti piace.

_____

_____

_____

_____

_____

CAPITOLO 5

Pizza, pasta e cappuccino?

Lessico

Ⓐ Indovina la parola. Completa con la parola che meglio descrive la frase includendo l'articolo determinativo quando possibile.

1. È il luogo dove si vende del buon vino: _____

2. È quello che beviamo prima di mangiare: _____

3. È la cosa che facciamo per dimagrire: _____

4. Lo facciamo quando abbiamo fame nel pomeriggio: _____

5. Così sono i prodotti coltivati in modo naturale: _____

6. Spesso è rosso e lo mettiamo sulla pasta: _____

Ⓑ Pro e contro. Leggi le seguenti frasi e poi esprimi la tua posizione, pro o contro, e spiega perché.

1. Pranzare a McDonald's è sempre un piacere.

_____

_____

2. La mensa universitaria dovrebbe servire solo cibi biologici.

_____

_____

3. Se amate gli animali, non mangiateli!

_____

_____

4. I dolcificanti fanno molto male.

_____

_____

5. Le diete non funzionano!

_____

_____

6. Si potrebbero risolvere molti problemi ambientali se tutti fossero vegetariani.

_____

_____

7. I salumi hanno troppi grassi; meglio non comprarli.

_____

_____

8. I vegan non hanno una dieta sana.

_____

_____

C **Un menu turistico.** Lavori in un ristorante a Torino dove mangiano molti turisti. Il tuo capo vuole che tu traduca in inglese il menu. Scrivi la tua traduzione a destra. Includi tutte le portate: l'antipasto, il primo, il secondo, il dolce e le bevande. Consulta un dizionario se non conosci tutti gli ingredienti.

IL GIARDINO	THE GARDEN
Antipasti: • Carpaccio di manzo con avocado e cuori di palma • Involtini di melanzane grigliate e caprino • Insalata di rape rosse, noci, e indivia • Cozze gratinate con prezzemolo, aglio e pane grattugiato **Primi:** • Zuppa di ceci al dragoncello • Gnocchi di zucca al burro fuso e salvia fritta • Tagliatelle *Il Giardino*: con salsa di pomodoro fresco e finocchio • Risotto del giorno **Secondi:** • Arrostino di vitello ripieno ai carciofi • Gamberoni *Fra Diavolo*: gamberi marinati in salsa piccante cotti al forno • Mezzo pollo alla griglia al limone e timo • Costata alla fiorentina al rosmarino **Contorni:** • Patate arrosto • Funghi ripieni al Marsala • Zucchini grigliati • Cipolline in agrodolce **Dolci:** • Crostata di mirtilli con gelato alla vaniglia • Frittelle di riso e salsa di cioccolato fondente • Pannacotta alle fragole • Gelato al pistacchio con salsa di caramello	

© Cengage Learning 2013

48 *Ponti* Workbook

D **Cosa mangi?** Collega gli ingredienti della seconda colonna che servono per preparare i piatti della prima colonna. Poi individua il piatto di cui hai gli ingredienti ma non il nome, secondo la lista seguente.

gnocchi alla Romana	spiedini di pesce spada	salumi misti e olive
carciofi fritti	minestrone di verdure	ossobuco
cocktail di gamberi	maiale in agrodolce	semifreddo di fragole

Piatti:

Ingredienti:

1. _____ tiramisù

a. filetti di baccalà, uova, farina, olio di semi

2. _____ scaloppine di vitello

b. mascarpone, uova, zucchero, cacao, caffè, biscotti *Savoiardi*

3. _____ merluzzo fritto

c. fettine di vitello, burro, farina, limone, prezzemolo

4. _____ nome del piatto: _____

d. semolino, latte, burro, uova, Parmigiano grattugiato

E **Mini-conversazioni.** Completa le seguenti mini-conversazioni usando la parola corretta.

apparecchiamo	dolce	paninoteca	salsa
bollito	maiale	pesce alla griglia	salumi
cenare	osteria	prosciutto	spuntino

MINI-CONVERSAZIONE 1

LUCIA: A che ora ceniamo stasera?

PATRIZIA: Alle sette.

LUCIA: Non ce la faccio. Ho troppa fame. Voglio fare uno _____ (1).

PATRIZIA: Così perdi l'appetito. _____ (2) subito la tavola così possiamo _____ (3)

fra 10 minuti.

LUCIA: Sarà fatto!

MINI-CONVERSAZIONE 2

CLIENTE: Scusi!

CAMERIERE: Mi dica.

CLIENTE: Ho ordinato il _____ (4) con _____ (5) di capperi e mi ha portato i ravioli.

CAMERIERE: Mi dispiace. Le porto subito un altro piatto.

                ...

CAMERIERE: Eccolo, come lo voleva.

CLIENTE: Ma questo è sbagliato. Ho ordinato la trota, non il salmone.

CAMERIERE: Perché non va a mangiare all' _____ (6) all'angolo?

CLIENTE: Buon'idea. Arrivederci.

FILIPPO: Ho voglia di un panino. C'è una _____ (7) qui vicino?

ALESSIO: Sì. Ma vendono solo panini vegetariani.

FILIPPO: Va bene per me. Non mangio la carne. Ogni tanto faccio un'eccezione quando mangio il

_____ (8) e melone.

ALESSIO: Non potrei farne senza. La porchetta (*roast pork*) è il mio panino preferito. Mangio spesso il

_____ (9).

Grammatica

F Intervista culinaria. Rispondi alle seguenti domande usando la particella **ci**.

1. Hai mai provato a fare gli gnocchi?

_____

2. Per quanto tempo siete rimasti in quel ristorante?

_____

3. Perché siete passati da casa mia ieri?

_____

4. Come sei riuscito a migliorare quella ricetta?

_____

5. Quanto ci hai messo a preparare quel tacchino?

_____

6. Perché siete rimasti a casa?

_____

7. Perché hai rinunciato a partecipare a quel concorso per «la torta migliore»?

_____

8. Quanto tempo c'è voluto per fare questo esercizio?

_____

G E l'intervista continua. Rispondi alle seguenti domande usando la particella *ne* e gli elementi forniti tra parentesi. Fa' tutti i cambiamenti necessari.

1. Quanta pasta hai usato per quattro persone? (due chili)

    _____

2. Hai mangiato tutte le banane? (solamente alcune)

    _____

3. Avete messo delle uova in frigo? (nessuna)

    _____

4. Quanto zafferano (*saffron*) hai aggiunto al risotto? (un cucchiaino)

    _____

5. Quanti piatti di antipasto avete ordinato? (otto)

    _____

6. Quanti chili hai perso con quella dieta? (due in una settimana)

    _____

7. A che ora siete usciti da quel ristorante? (mezzanotte)

    _____

8. Hai cucinato anche del manzo? (un po')

    _____

H Una festa da snob? Completa il seguente brano usando le particelle **ci**, **ne** o la combinazione e facendo, quando necessario, i cambiamenti opportuni.

Credevo proprio di non far _____ la (1). Quando me _____ (2) sono andato da quella festa, ero

distrutto. _____ (3) sono rimasto quattro ore ed è stato un vero e proprio incubo. _____ (4) sono proprio

cascato! Laura mi aveva detto di andare e che _____ (5) avrei incontrato delle persone interessanti, ma in

verità non _____ (6) ho vista proprio nessuna. Già dopo cinque minuti _____ (7) l'avevo con tutti: non

sopporto gli snob e qui _____ (8) erano veramente troppi!

I Dalla cucina al ristorante. Con gli elementi dati e utilizzando il tempo verbale indicato tra parentesi, costruisci delle frasi con i pronomi doppi, **ci** o **ne**.

sabato Gloria / mandare / i nostri dolci / a Milano (passato prossimo)

Sabato Gloria ce li ha mandati.

1. lui / comprare / della carne / in quella macelleria (imperfetto)

_____

2. loro / potere bere / del vino / in quell'enoteca (presente)

_____

3. tu / dare / un po' di risotto / a me (imperativo)

_____

4. loro / non portare / a me / dell'acqua minerale (passato prossimo)

_____

5. voi / preparare / delle lasagne / per noi (trapassato prossimo)

_____

6. loro / bere / il vino rosso / in quell'osteria (imperativo formale)

_____

J Io ci metto un'ora? Non è vero! Rispondi ai seguenti commenti seguendo il modello. Usa nella risposta lo stesso tempo verbale usato nell'affermazione.

Io ci metto un'ora a preparare un buon arrosto! (almeno due)

Non è vero! Ce ne vogliono almeno due.

1. Loro ci mettono un minuto a mangiare un piatto di pasta! (almeno cinque)

_____

2. Michela ci mette venti minuti ad apparecchiare! (solo dieci)

_____

3. Laura ci ha messo due ore per venire qui! (solo una)

_____

4. Noi ci abbiamo messo poco tempo per preparare i tortelli! (molto)

_____

5. Io ci mettevo un giorno a imparare alla perfezione una nuova ricetta! (almeno venti)

_____

6. Voi ci mettevate due settimane a preparare il pranzo di Natale! (solo una)

_____

K **I miei gusti.** Completa lo schema descrivendo i tuoi gusti personali, usando il verbo **piacere** al tempo appropriato.

Quando?	Piacere	Non piacere
da bambino/a		
alle scuole medie		
a tavola		
con gli amici		
con la tua famiglia		
al cinema		
in vacanza		
il primo anno d'università		

L **I gusti degli altri.** Forma delle frasi complete con gli elementi dati, usando la forma corretta di **piacere** al presente, passato prossimo o imperfetto e i pronomi oggetto indiretto.

ESEMPIO

le salsicce / piacere / Stefano

Gli piacciono le salsicce.

1. da bambina / piacere / andare in pizzeria / Rossella

_____

2. la settimana scorsa / piacere / le lumache (*snails*) / noi

_____

3. non / piacere / la pasta non «al dente» / io

_____

4. ieri / non / piacere / la cucina di quel ristorante messicano / voi

_____

5. piacere / moltissimo / i contorni / di quest'osteria / Sonia e Piero

_____

6. da ragazzo / piacere / i dolci / tu / ma oggi non / piacere / più / tu

_____

7. l'altro ieri / piacere / le lasagne della nonna / Alberto

_____

8. piacere / il vino rosso / gli amici di Carla

_____

M **Scene da un ristorante.** Rispondi alle seguenti domande aiutandoti con i disegni qui sotto.

1. Quanto gli manca per pagare il conto?

_____

2. Che cosa le serve?

_____

3. Quanti soldi gli restano?

_____

4. Chi le manca?

_____

5. Cosa non gli occorre?

_____

N Impressioni. Completa le seguenti frasi utilizzando i verbi **dispiacere** (2v.), **mancare**, **bastare**, **occorrere**, **restare**, **succedere** e **servire** al presente o al passato prossimo ed il corretto pronome oggetto indiretto.

1. Marco ha ancora fame: il panino che ha comprato non _____.

2. Laura e Stefano sono dovuti restare a casa e non sono potuti andare al ristorante: _____ moltissimo.

3. Non _____ la cucina della mamma: anche se è lontana mi manda un pacco di biscotti ogni settimana.

4. Dovremo andare a tavola più tardi: avete finito di preparare la pasta ma _____ almeno un'altra ora per

   preparare i secondi.

5. Non posso venire in enoteca con voi: _____ solo 20 euro prima del prossimo stipendio.

6. Ieri al ristorante le _____ una cosa strana: ha trovato un anello dentro il dolce.

7. Diego, non mi piace questo vino che hai scelto. Non _____ aprirne un'altra bottiglia, vero?

8. Marta ha bruciato un altro pollo: le lezioni di cucina non _____.

O La tua ricetta preferita. Scrivi cinque o sei frasi in cui descrivi la tua ricetta preferita, indicando anche gli ingredienti necessari.

Nome della ricetta: _____

_____

_____

_____

_____

_____

_____

CAPITOLO 6

Tarantella, malocchio e... ?

Lessico

A **Il Capodanno a Roma.** Completa il brano con le seguenti parole.

Capodanno	fortuna	scongiuro	toccammo ferro
costumi	fuochi artificiali	sfilata	tradizione

Non dimenticherò mai quell'anno che festeggiammo il _____ (1) in Italia. Seguimmo

le usanze italiane e ci portò tanta _____ (2). La vigilia preparammo le lenticchie

come la _____ (3) voleva. Dopo aver mangiato, uscimmo e guardammo i bellissimi

_____ (4) in piazza. Non ci dispiacque non vedere la solita _____ (5) che

guardiamo ogni anno alla televisione perché vedemmo altre cose insolite! Puoi immaginare la nostra sorpresa quando

scoprimmo che tra i _____ (6) di alcuni italiani c'era quello di buttare vecchi mobili dalla finestra

per dimenticare il passato e dare il benvenuto al nuovo. Mentre osservavamo alcuni italiani farlo, facemmo anche noi uno

_____ (7) tutto italiano: _____ (8) affinché nessun mobile ci picchiasse

sulla testa!

B **Definizioni.** Completa le seguenti frasi con la parola giusta per la definizione.

l'amuleto	il Capodanno	la colomba	il discorso
il malocchio	il panettone	il patrono	la Quaresima
la scaramanzia	la sfilata	il torrone	

1. _____ : un dolce tradizionale natalizio

2. _____ : un'orazione, esposizione orale di un'idea

3. _____ : oggetto usato per proteggersi dal male

4. _____: un dolce tradizionale di Pasqua

5. _____: un gesto o modo per liberarsi dal malocchio

6. _____: il santo protettore di una città

7. _____: periodo di 40 giorni prima della Pasqua

8. _____: uno sguardo cattivo di qualcuno che porta male

C Trova la soluzione! Scegli la soluzione che meglio completa la frase.

1. Gli italiani credono che un gatto nero _____.

    a. porti fortuna

    b. sia carino

    c. porti sfortuna

    d. dia soldi

2. Le montagne russe sono _____.

    a. un amuleto

    b. una giostra del luna park

    c. una sagra degli immigrati russi

    d. un dolce natalizio

3. Il pandoro è _____.

    a. una canzone napoletana

    b. una sagra invernale

    c. un contorno tipico di Pasqua

    d. un dolce tradizionale natalizio

4. La sfilata è _____.

    a. un gesto per portare sfortuna

    b. un amuleto

    c. una presentazione

    d. un dolce di Pasqua

5. Martedì grasso è _____.

    a. un giorno di Pasqua

    b. un giorno di Natale

    c. un giorno di Carnevale

    d. un giorno per le sagre

6. Fare le corna significa _____.

    a. fare un gesto di scaramanzia

    b. raccontare una favola

    c. preparare la colomba

    d. tramandare i costumi

D A che cosa credi? Segna le cose a cui credi. Poi scegline una e spiega perché ci credi. Se non credi a nessuna di queste cose, spiega perché.

❏ la scaramanzia   ❏ il malocchio

❏ il chiromante   ❏ l'oroscopo

❏ il gesto di toccare ferro   ❏ l'amuleto

_____

_____

_____

_____

_____

_____

_____

E Mini-conversazioni. Completa le seguenti mini-conversazioni usando la parola corretta.

stagionale	amuleto	Natale	porterà fortuna
tradizioni	chiromante	malocchio	scaramantico
scongiurare	soprannaturale	tocchi ferro	gesto

MINI-CONVERSAZIONE 1

BRUNO: Che bell' _____ (1)!

MONICA: Grazie. Me l'ha regalato mia nonna per _____ (2). Ha detto che mi

_____ (3) sempre.

BRUNO: Spero di sì! È stato un _____ (4) molto generoso.

MONICA: Mia nonna è così e poi lei vuole sempre rispettare le _____ (5) della nostra

famiglia.

BRUNO: Sei fortunata ad avere una nonna così!

MINI-CONVERSAZIONE 2

MARIA: Dai! Vieni con me dal _____ (6).

ISABELLA: Ma sei matta! Non credo al _____ (7).

MARIA: Non ci devi credere. Puoi _____ (8) il malocchio lo stesso!

ISABELLA: No. Basta che io _____ (9) e tutto andrà bene!

Capitolo 6 Tarantella, malocchio e... ? 59

Grammatica

F Superstizioni. Completa le seguenti frasi con il passato remoto dei verbi tra parentesi.

1. Una vecchia chiromante gli _____ (leggere) la mano nella sua tenda.

2. Tu _____ (predire) il futuro a mio padre.

3. Quando il gatto nero vi _____ (attraversare) la strada, (voi) _____ (fermarsi) e _____

   (scendere) dall'auto.

4. Per fortuna, lo specchio rotto non mi _____ (portare) sfortuna.

5. Io e Giorgio _____ (passare) sotto una scala e subito dopo un vaso di fiori ci _____ (cadere) in testa.

6. Marco e Lucia non _____ (venire) al cinema con noi perché era venerdì 17.

7. Mauro _____ (comprare) il giornale per leggere l'oroscopo.

8. Voi _____ (rovesciare) il sale e _____ (fare) le corna per scaramanzia.

G Un po' di Pinocchio. Leggi il seguente brano e sottolinea tutti i verbi al passato remoto che trovi. Poi scrivi l'infinito dei verbi che hai sottolineato.

Geppetto abitava da solo in una casa semplice e povera, non aveva divertimenti e si sentiva spesso triste. Per questo, un

bel giorno, decise di fabbricare un burattino. Lui prese un pezzo di legno e cominciò a lavorare. Geppetto fece gli occhi al

burattino, e poi dipinse il naso e la bocca. Subito il naso si mise a crescere e diventò lunghissimo. Il burattino mostrò la

lingua e disse: «Geppetto, sei brutto!» Quello fu il giorno in cui nacque Pinocchio.

1. _____   7. _____

2. _____   8. _____

3. _____   9. _____

4. _____   10. _____

5. _____   11. _____

6. _____

H Le bugie hanno le gambe corte. Completa questa favola con la forma corretta del passato remoto o dell'imperfetto dei verbi tra parentesi.

C' _____ (1. essere) una volta un giovane che _____ (2. chiamarsi)

Pierino e _____ (3. passare) tutto il suo tempo a far pascolare le mucche sulle montagne.

Purtroppo la vita solitaria lo _____ (4. annoiare) moltissimo. Un giorno più lungo

degli altri, Pierino _____ (5. decidere) di fare uno scherzo agli abitanti del suo paese.

Lui _____ (6. correre) giù dalla montagna e _____ (7. gridare):

«Al lupo! Al lupo!» Tutti gli abitanti del villaggio _____ (8. andare) incontro a Pierino e gli

_____ (9. chiedere): «Dov'è? Dov'è?» Quando Pierino _____ (10. mettersi) a

ridere, i poveri abitanti _____ (11. capire) che non _____ (12. esserci) nessun lupo

e _____ (13. tornare) a lavorare. Il giorno dopo però, un lupo _____ (14. arrivare)

veramente sulla montagna di Pierino. Lui lo _____ (15. vedere) e _____ (16. urlare)

ancora con tutta la sua voce: «Al lupo! Al lupo!» Ma gli abitanti, pensando allo scherzo del giorno prima, non

_____ (17. credere) alle urla di Pierino che sfortunatamente _____ (18. finire)

per essere mangiato dal lupo.

❶ Tradizioni. Completa le seguenti situazioni in maniera logica utilizzando il trapassato remoto.

1. Mangiarono il tacchino dopo che lui _____

_____

2. Accesi le candele quando _____

_____

3. Il bambino trovò le uova dopo che _____

_____

4. Io e Gino cantammo delle canzoni natalizie non appena _____

_____

5. Andarono alla festa in maschera non appena _____

_____

6. Babbo Natale partì dal Polo Nord quando _____

_____

7. Metteste i regali sotto l'albero di Natale non appena _____

_____

8. Aprirono il panettone quando _____

_____

J Prima e dopo. Unisci le due azioni creando un'unica frase usando il passato remoto e il trapassato secondo l'esempio.

ESEMPIO

Azione 1: lui / pagare la chiromante (dopo che)
Azione 2: la chiromante / leggere la mano
Pagò la chiromante dopo che gli ebbe letto la mano.

1. Azione 1: loro / arrabbiarsi (dopo che)
   Azione 2: lei / aprire l'ombrello in casa

   _____

2. Azione 1: lei / vedere un gatto nero (non appena)
   Azione 2: noi / uscire di casa

   _____

3. Azione 1: io / scegliere le città da visitare (dopo che)
   Azione 2: lei / dirmi le sue preferenze

   _____

4. Azione 1: il naso / crescere (non appena)
   Azione 2: lui / finire di dire la prima bugia

   _____

5. Azione 1: tu / partecipare alla festa (dopo che)
   Azione 2: loro / invitarti a restare

   _____

6. Azione 1: lei / andarsene (quando)
   Azione 2: loro / chiarire la loro posizione

   _____

K Una favola da un punto di vista differente. Completa il seguente brano con la forma corretta del passato remoto, imperfetto o trapassato remoto dei verbi tra parentesi.

Ciao, ragazzi… Sono il lupo e voglio raccontarvi una storia. Un giorno mentre _____ (1. camminare)

tranquillamente per il bosco _____ (2. cominciare) a sentire un buon profumo di prosciutto e

formaggio che _____ (3. venire) dal sentiero (*path*). Io _____ (4. mettersi) dietro

un albero e _____ (5. vedere) una bambina vestita di rosso con un cestino da picnic. In quel momento

_____ (6. decidere) di uscire e presentarmi. Dopo che la bambina mi _____ (7. dire) il

suo nome, mi _____ (8. chiedere) se _____ (9. desiderare) mangiare con lei e così noi

_____ (10. sedersi) sotto una bella pianta. E _____ (11. essere) proprio allora che io

_____ (12. accorgersi) che un cacciatore (*hunter*) mi _____ (13. stare) guardando con

un fucile (*rifle*) in mano. Dopo che lo _____ (14. caricare) (*load*), il cacciatore _____

(15. sparare) e io _____ (16. scappare). Quindi se avete sentito una storia differente, sappiate che sono

tutte bugie. Io sono un lupo buonissimo che vuole bene a tutti! (Eccetto ai cacciatori e ai bambini bugiardi!!!)

L **L'ultimo Carnevale di Viareggio.** Completa il seguente paragrafo con l'aggettivo od il pronome indefinito corretto.

Elena e Marco si sono divertiti _____ (1. qualche / alcuni) giorno fa al

Carnevale di Viareggio. Alla sfilata c'erano _____ (2. qualsiasi / parecchie)

persone e _____ (3. tutti / ciascuno) sembravano felici. C'erano anche

_____ (4. qualche / diversi) giornalisti e fotografi, perché, dopo Venezia, il Carnevale di

Viareggio è quello più importante d'Italia. _____ (5. Ognuno / Ogni) carro (*float*) aveva un

tema differente e su _____ (6. tutti / qualche) c'erano persone che cantavano e ballavano.

_____ (7. Qualsiasi / Qualcuno) pensa che il Carnevale sia una festa per bambini, ma

l'ironia e il sarcasmo dei temi dei carri è una cosa che può piacere a _____ (8. chiunque /

qualunque), grande o piccino.

M **Io non ci credo!** Completa il seguente brano con uno degli aggettivi o pronomi indefiniti offerti qui sotto.

qualsiasi	niente	alcuni	altri
nessuno	parecchie	poco	ogni

Gli italiani non sono superstiziosi! È vero che _____ (1) credono che i gatti

neri portino sfortuna e che _____ (2) non passano sotto le scale

o che _____ (3) persone portano amuleti, ma dire che tutti sono

superstiziosi non è _____ (4) di più che uno stereotipo. È anche vero

che _____ (5) stereotipo contiene un _____ (6) di verità,

ma non credo che gli italiani siano più superstiziosi di _____ (7) altra nazione.

Per esempio, _____ (8) nella mia famiglia ha paura dei gatti neri: ne abbiamo undici!

N Che belle, le favole! In questo capitolo hai sentito parlare di racconti e favole. Raccontane qui una breve utilizzando il passato remoto, l'imperfetto e alcuni degli elementi forniti qui sotto.

una principessa	un gatto	un castello	una strega (*witch*)
un talismano	un principe	un bambino	un fuoco

_____

_____

_____

_____

_____

_____

_____

CAPITOLO 7

Italia on-line?

Lessico

Ⓐ Le tecnologie. Collega le seguenti azioni della prima colonna con i corrispondenti mezzi tecnologici a tua disposizione.

1. _____ la tastiera

2. _____ il telefonino

3. _____ la connessione internet

4. _____ la posta elettronica

5. _____ il mouse

a. ricevere un allegato

b. scaricare un documento

c. sbagliare pulsante

d. cliccare

e. inviare sms

Ⓑ Cosa farai la prossima settimana? Scrivi almeno cinque frasi spiegando quello che farai la prossima settimana. Usa il futuro.

ESEMPIO

cambiare cartuccia

La prossima settimana cambierò cartuccia.

1. mandare sms

2. scaricare un documento

3. stampare a colori

4. scannerizzare una fotografia

5. salvare i documenti

6. inviare un email

7. navigare su Internet

8. ascoltare un mp3

_____

_____

_____

_____

_____

Capitolo 7 Italia on-line? 65

C Con un po' di tempo libero, io farei... Forma sei frasi con le seguenti parole spiegando cosa faresti, quando e dove. Usa il condizionale dei verbi e delle parole suggerite.

ESEMPIO

comprare / la cartuccia sul Web
Comprerei la cartuccia su Web.

1. scaricare / un video da YouTube _____

2. incontrare gli amici / nella chat room _____

3. stampare / le pagine dell'esame _____

4. visitare / il sito del programma antivirus _____

5. non usare / il telefonino quando sono al cinema _____

6. sfruttare / il motore di ricerca per trovare le informazioni _____

D Il portatile. Vai in un negozio per comprare un portatile. Il commesso vuole sapere per quali cose vorrai usarlo. Scegliendo dal vocabolario qui sotto, spiegagli almeno sei usi che ne farai e perché.

navigare su Internet	l'email	scrivere al computer
l'allegato	scaricare	chat
il sito	videogioco	motore di ricerca

ESEMPIO

navigare su Internet
Navigherò su Internet per ricercare informazioni per il mio corso di biologia.

1. _____
_____

2. _____
_____

3. _____
_____

4. _____
_____

5. _____
_____

6. _____
_____

E **Mini-conversazioni.** Completa le seguenti conversazioni usando la parola corretta.

lettore mp3	cliccare	masterizzare	documento
Internet Café	email	schermo	sms
pulsante	rete	si blocca	stampare
telefonino	virus		

MINI-CONVERSAZIONE 1

GIULIA: Marco, ho bisogno di _____ (1) alcune pagine e poi di

_____ (2) un CD. Ci metterò poco, ma devo spedirlo questo pomeriggio.

Quando avrai finito?

MARCO: Il problema è che ogni volta che apro questo _____ (3), il computer

_____ (4) e devo spegnerlo.

GIULIA: Non sono buone notizie. Credi che ci sia un _____ (5)?

MARCO: Spero proprio di no. Ma se hai bisogno di quel documento, ti suggerirei di andare

all' _____ (6).

GIULIA: Va bene. A dopo.

MINI-CONVERSAZIONE 2

MATTEO: Ho sentito squillare il tuo _____ (7).

LUCIA: Hai ragione ma ho premuto il _____ (8) sbagliato ed ho perso la linea.

MATTEO: Ma, fammi vedere. È proprio bello. È nuovo?

LUCIA: Sì l'ho comprato la settimana scorsa. E funziona anche come _____ (9)

così posso ascoltare la mia musica preferita quando voglio. Posso anche mandare

_____ (10) o controllare i miei _____ (11)

senza bisogno del computer.

MATTEO: Sarà impossibile leggerli con lo _____ (12) così piccolo.

LUCIA: Non credo di avere problemi. Ci vedo benissimo!

Grammatica

F Dove sarà? Rispondi alle seguenti domande con il futuro di probabilità dei verbi suggeriti nelle varie situazioni.

ESEMPIO

Che ore sono? (le 11.00)
Non so, saranno le 11.00.

1. Dove vai stasera? (all'Internet Café)

   _____

2. Quanto ci vuole a scaricare quel documento? (5 minuti)

   _____

3. Quando lanciano il nuovo telefonino che vuoi comprare? (fra 7 mesi)

   _____

4. Chi specifica i limiti delle pubblicità on-line? (la commissione di controllo)

   _____

5. Su che motore di ricerca cercano le informazioni i ragazzi? (Yahoo Italia)

   _____

6. Perché la stampante non funziona? (manca la cartuccia)

   _____

7. Tu e Giovanni dovete sempre salvare i documenti su un CD? (anche sul disco fisso)

   _____

8. Gli anziani fanno fatica ad usare i computer? (sempre meno)

   _____

G Un po' di pazienza! Completa le seguenti situazioni in maniera logica utilizzando il futuro anteriore dei verbi forniti.

1. Gli risponderò dopo che lui (mandare il suo indirizzo di posta elettronica) _____

   _____

2. Accenderemo la stampante quando (installare il programma) _____

   _____

3. Il terzo mondo comincerà ad usare la tecnologia dopo che (le scuole offrire corsi specialistici) _____

   _____

4. Tu e Gisella comprerete il telefonino non appena (trovare un modello hi-tech) _____

_____

5. I bambini impareranno ad usare i computer a scuola quando (le maestre fare dei corsi di aggiornamento) _____

_____

6. Le scoperte scientifiche saranno più accessibili quando (il costo dei computer scendere) _____

_____

7. Installeranno il modem non appena (noi / pagare l'abbonamento) _____

_____

8. Tutti avranno un lettore mp3 quando (la musica on-line diventare disponibile gratuitamente) _____

_____

H Sogni su Web. Completa questo dialogo con il futuro semplice o anteriore dei verbi forniti a seconda dei casi.

GABRIELLA: Scommetto che se io _____ (1. comprare) questo

computer _____ (2. diventare) ricchissima. Quando

_____ (3. finire) di costruire il mio sito Web,

_____ (4. esserci) milioni di persone che

_____ (5. volere) avere accesso alle mie pagine ed io non

_____ (6. dovere) più vivere in questo misero appartamento

e mi _____ (7. comprare) una bella villetta. Poi, non appena il

mio sito _____ (8. raggiungere) i cinque milioni di abbonati,

io e il mio fidanzato _____ (9. vendere) tutto a qualche grande

compagnia e _____ (10. andare) a vivere in Sardegna.

PIERGIACOMO: Scusami, Gabriella, ma cosa pensi di vendere?

GABRIELLA: Ma come? La mia dieta segreta, no? Venti chili in tre mesi. Sono sicura che quest'idea

_____ (11. piacere) a moltissime persone.

PIERGIACOMO: Posso solo dirti in bocca al lupo! Quello che è certo, però, è che io non

_____ (12. essere) un tuo cliente!

I Che cosa faresti tu? Risolvi le seguenti situazioni con una frase al condizionale presente dei verbi forniti.

La macchina si rompe. (portare dal meccanico)
La porterei dal meccanico.

1. La connessione ad Internet non funziona. (spegnere e riaccendere il modem)

_____

2. La stampante stampa solo in bianco e nero. (dovere ricordare di comprare la cartuccia a colori)

_____

3. Hai ricevuto un email con un virus. (non aprirlo e attivare il programma antivirus)

_____

4. Il cellulare ha la batteria scarica (*dead*). (metterlo in carica)

_____

5. Hai scritto un articolo on-line ma qualcuno l'ha pubblicato sul giornale senza il tuo permesso. (contattare l'associazione degli autori)

_____

6. Il tuo amico non conosce l'indirizzo della pagina Web della tua università. (mandargli il link via email)

_____

7. Vuoi mandare le fotografie del tuo matrimonio ad un amico di una chat-room. (scaricarle dalla macchina fotografica digitale al computer)

_____

8. Lo schermo del computer è diventato tutto nero. (staccare e riattaccare la spina)

_____

J Con gentilezza. Trasforma le seguenti frasi utilizzando il condizionale presente al posto dell'imperativo per trasformare degli ordini in gentili richieste.

Portami il CD stasera!
Mi porteresti il CD stasera?

1. Dottore, accenda il cercapersone quando non è in ospedale!

_____

2. Marco, spegni il computer ogni volta che finisci di lavorare!

_____

3. Signori Fontana, comprino quel computer!

_____

4. Smetti di giocare con quel videogioco!

_____

5. Vammi a comprare due cartucce per la stampante!

_____

6. Diteci che cosa avete appena stampato!

_____

7. Venite all'Internet Café con noi!

_____

8. Signorina, traduca il documento che è appena arrivato via fax!

_____

K Un email. Completa il seguente email con la forma corretta del condizionale passato dei verbi tra parentesi.

Cara Patrizia,

ti scrivo questo email perché non sono riuscita a parlare con te. Ti _____

(1. telefonare / io) ma la batteria del mio cellulare era scarica. _____ (2. potere / tu)

venire con me alla festa di laurea di Vincenzo e noi due _____ (3. ballare)

in quella nuova discoteca all'aperto di cui ti ho parlato. Le nostre compagne di classe mi avevano

detto che _____ (4. esserci) molti ragazzi di Milano e che Vincenzo

_____ (5. offrire) una magnifica torta gelato a mezzanotte. So che non

_____ (6. volere / tu) mancare per nulla al mondo e che tu e Nicola

_____ (7. prendere) anche un aereo pur di non perderla. Non so se

_____ (8. dovere / io) dirtelo ora che è troppo tardi, ma non è stata colpa mia

se non sono riuscita a parlarti prima.

Scrivimi presto!

Ciao,

Luisa

L Ha detto che... Trasforma le seguenti frasi usando il condizionale passato.

Non comprerò mai un telefonino.
Ha detto che non avrebbe mai comprato un telefonino.

1. Non userà mai l'email.

_____

2. Ascolterà sempre la musica con il lettore CD e non comprerà mai un iPod.

_____

3. Si comunicheranno le nuove scoperte tramite l'email.

_____

4. Cercherò una nuova stampante.

_____

5. Navigheremo nel sito fino a quando non troveremo tutte le informazioni.

_____

6. Andranno all'Internet Café per mandare il fax.

_____

7. Passeranno ore a giocare ai videogiochi.

_____

8. Tornerò dal laboratorio alle 5.00.

_____

M Problemi moderni. Collega le seguenti frasi usando **che** o **cui** eventualmente preceduti da preposizione o articolo definito.

1. Marcello non sa usare la mia telecamera digitale. Marcello preferisce la sua vecchia macchina fotografica.

_____

_____

2. Il programma per proteggersi dai virus è fondamentale per la sicurezza dei documenti. Il suo nome è Norton.

_____

_____

3. Questa è la caratteristica delle stampanti laser. Conto su questa caratteristica per avere documenti stampati perfettamente.

_____

_____

4. Il masterizzatore (*CD burner*) è un accessorio dei computer. Si possono duplicare i CD con il masterizzatore.

_____

_____

5. Finalmente ho trovato il programma di scrittura Word. Avevo bisogno di questo programma.

_____

_____

6. I nonni non capiscono il senso dei videogiochi. Questa cosa lascia perplessi i nipoti.

_____

_____

N **Tecnologia in facoltà.** Sostituisci a **cui** e **che** la forma corretta di **il quale/la quale / i quali/le quali**.

1. Giorgio, a cui va sempre tutto bene, ha vinto un iPhone alla lotteria del club di matematica.

_____

2. Ilaria e Stefano, i ragazzi di cui vi ho parlato ieri, ci insegneranno come usare il nuovo scanner.

_____

3. La moglie di Carlo, che studia informatica, è molto intelligente.

_____

4. Linda e Daniela, le amiche con cui esco sempre, studiano grafica pubblicitaria.

_____

5. Nancy, la professoressa per cui hanno chiuso quel dipartimento, dovrebbe mandare un email di scuse a tutti gli studenti.

_____

O Chi? Trasforma le seguenti frasi usando il pronome relativo **chi** e facendo tutti i cambiamenti necessari.

Le persone che studiano informatica hanno più possibilità di trovare un lavoro.
Chi studia informatica ha più possibilità di trovare un lavoro.

1. Quelli che comprano on-line rischiano di rivelare informazioni privilegiate.

   _____

2. Le persone che impareranno a disegnare pagine Web avranno successo nel mondo della tecnologia.

   _____

3. Le persone che rispondono in ritardo agli email o sono molto impegnate o sono maleducate.

   _____

4. Io non capisco le persone che si rifiutano di insegnare informatica nelle scuole.

   _____

5. Secondo voi quelli che accedono alle chat-line lo fanno perché si sentono soli?

   _____

6. Quelli che usano il cellulare a teatro disturbano gli altri.

   _____

P Viva la tecnologia! Con cinque o sei frasi, descrivi come sarebbe la tua vita e quella delle altre persone se non esistesse Internet. Usa il condizionale presente o passato per esprimere le tue ipotesi.

_____

_____

_____

_____

_____

_____

_____

_____

CAPITOLO 8

Fratelli d'Italia?

Lessico

Ⓐ L'un con l'altro. Collega le parole nella colonna di sinistra con le definizioni corrispondenti nella colonna di destra.

1. _____ il numero verde

2. _____ il rifugio

3. _____ l'alcolista

4. _____ la casa di riposo

5. _____ la pila

6. _____ il prodotto usa-e-getta

7. _____ i rifiuti

8. _____ il reinserimento

a. il luogo dove si trovano cani che cercano una casa

b. oggetto che si usa solo una volta

c. permette di telefonare senza pagare

d. l'azione di riportare delle persone a funzionare all'interno della società

e. una persona che beve troppo

f. un luogo dove vivono molti anziani

g. le cose che buttiamo via

h. la usiamo per dare energia

Ⓑ La tua reazione. Completata ogni affermazione con le parole suggerite.

| riciclaggio | tossicodipendenza | carcerati | usa-e-getta |
| animalisti | centri d'accoglienza | immigrati | volontariato |

1. Il problema della _____ è un problema mondiale.

2. I prodotti _____ dovrebbero essere aboliti.

3. Non ci sono abbastanza _____ per i senzatetto.

4. È importante che tutti s'impegnino nel _____.

5. Il _____ è essenziale per poter riutilizzare le risorse.

6. I politici non spendono abbastanza per migliorare la vita dei _____.

7. Il governo s'impegna per aiutare gli _____ ma non fa ancora abbastanza.

8. Gli _____ sono appassionati per la loro causa tanto da sembrare, a volte, degli estremisti.

C Il tuo commento. Usa il congiuntivo e le espressioni fornite per commentare alcuni dei problemi elencati nell'esercizio B.

Credo che / il problema della tossicodipendenza / essere un problema dei paesi industrializzati

Credo che il problema della tossicodipendenza sia un problema dei paesi industrializzati.

1. Dubito che / gli animalisti / essere degli estremisti

_____

_____

2. Mi dispiace che / i politici / non spendere abbastanza soldi per le politiche sociali

_____

_____

3. Voglio che / il governo italiano / impegnarsi maggiormente ad aiutare gli immigrati

_____

_____

4. Penso che / il riciclaggio / essere essenziale

_____

_____

5. Preferisco che / i prodotti usa-e-getta / venire eliminati

_____

_____

6. È essenziale che / tutti / capire l'importanza del volontariato

_____

_____

D **Il più ed il meno importante.** Molti problemi esistono nel mondo. Leggi la seguente lista e poi metti i problemi in ordine numerico dal più importante (1) al meno importante (8), secondo il tuo punto di vista.

a. _____ il buco nella fascia dell'ozono

b. _____ l'analfabetismo

c. _____ la mancanza di case per i poveri

d. _____ l'immigrazione

e. _____ il razzismo

f. _____ la fame

g. _____ la droga

h. _____ l'inquinamento

E **Chi interviene?** Spiega che cosa dovrebbero fare il governo e le persone in generale per aiutare a migliorare alcuni dei problemi segnalati nell'esercizio precedente usando i verbi suggeriti al congiuntivo presente.

1. Penso che il governo _____ (dovere) dare multe ai cittadini che non fanno la raccolta differenziata

   dei rifiuti.

2. Credo che il governo _____ (potere) distribuire i contenitori per la raccolta differenziata nelle scuole.

3. Penso che la gente _____ (dovere) imparare ad essere più tollerante.

4. Tu credi che il governo _____ (fare) bene a legalizzare le droghe?

5. Spero che le scuole _____ (dedicare) più ore all'insegnamento per evitare problemi di analfabetismo.

6. Credo che tutti noi _____ (dovere) dare una mano per eliminare la fame nel mondo.

7. Spero che presto tutte le automobili _____ (smettere) di inquinare l'aria.

8. Spero che le persone che aiutano Habitat for Humanity _____ (venire) qui a costruire delle case

   per i poveri.

Grammatica

F **Identikit del volontario.** In base alle immagini scrivi in quale campo del volontariato pensi che le varie persone che vedi siano impegnate. Inizia le frasi utilizzando **Penso che** o **Credo che**.

Elisa

Ufficio immigrazione

Leonardo

Cristina

Ugo

Viviana

1. _____

2. _____

3. _____

4. _____

5. _____

G Dammi una mano! Completa la conversazione con i verbi dati al congiuntivo presente o passato.

CLARA: Allora, Fredo, sei andato a fare il corso di restauro ai carcerati?

FREDO: Certo, ho cominciato proprio ieri con il mio secondo corso. Mi auguro che

_____ (1. essere) un successo come l'anno scorso. I ragazzi insistono che

io _____ (2. fare) una presentazione sui libri antichi ma è quasi impossibile

che io _____ (3. ottenere) dalla biblioteca il permesso di portare libri preziosi

all'interno del carcere.

CLARA: Mi sembra che i responsabili _____ (4. potere) fidarsi di te e mi pare anche che

in tutti questi mesi non _____ mai _____ (5. succedere) niente di grave.

FREDO: Dubito che _____ (6. capire / loro) le necessità dei detenuti. Non penso che

molti _____ (7. conoscere) la realtà del carcere e non sono sicuro che la gente

comune _____ ancora _____ (8. accettare) il fatto che l'unico modo per

riabilitare è insegnare ai detenuti a lavorare e ad essere indipendenti dopo aver ottenuto la libertà.

CLARA: Sono d'accordo e forse posso darti una mano. Suppongo che il direttore non

_____ (9. dire) niente se io procuro i libri per il corso; ne ho alcuni che

non sono molto preziosi ma che sono perfetti per l'uso che ne vuoi fare.

FREDO: Grazie mille, sei una vera amica!

H Come si fa! Forma delle frasi usando l'espressione impersonale data e la situazione tra parentesi. Usa il congiuntivo.

ESEMPIO

È difficile (i giovani / impegnarsi in politica)
È difficile che i giovani si impegnino in politica.

1. È impossibile (in una società moderna / esserci tanti senzatetto)

_____

2. È incredibile (gli immigrati / non avere gli stessi diritti dei cittadini)

_____

3. È strano (il riciclaggio / non diventare un obbligo)

_____

4. È improbabile (i politici / approvare leggi sull'immigrazione)

_____

5. È bene (i cittadini / impegnarsi nel volontariato)

_____

6. È opportuno (i senzatetto / trovare un lavoro)

_____

7. Si dice (l'effetto serra / peggiorare con il passare degli anni)

_____

8. È raro (le persone svantaggiate / potere trovare un lavoro)

_____

❶ Alcuni problemi. Completa le frasi con la forma corretta del congiuntivo imperfetto o trapassato dei verbi forniti.

1. Credevano che noi _____ (essere) pronti a trasferire gli anziani alla

   casa di riposo.

2. Erano felici che la scorsa settimana molta gente _____ (riuscire) a pulire il

   giardino pubblico.

3. Non dubitavo che dieci anni fa a Milano si _____ (soffrire) a causa

   dell'inquinamento, ma il Comune ha fatto molto per migliorare la situazione.

4. Volevo che lui _____ (venire) con me al canile a sistemare le gabbie (*cages*).

5. Pensavi veramente che gli ecologisti _____ (riuscire) a fermare la distruzione

   della Foresta amazzonica all'inizio degli anni ottanta?

6. Vorrei che i senzatetto nel parco _____ (avere) abbastanza provviste.

7. Era probabile che loro _____ (guarire) dall'infezione con delle cure

   appropriate.

8. Speravano che gli alcolisti _____ (smettere) di bere.

J Volontari cercasi. Completa il brano seguente con i modi corretti dei verbi forniti (congiuntivo, indicativo, **di** + infinito).

L'associazione volontaria studenti cerca persone disposte a collaborare al programma di corsi di lingua per

bambini nomadi presenti nel campo di accoglienza nella zona sud della città. È essenziale che i volontari

_____ (1. dare) la loro disponibilità per almeno due settimane consecutive e che _____

già _____ (2. superare) il colloquio preliminare con gli assistenti sociali. La nostra

associazione spera _____ (3. alfabetizzare) il maggior numero di bambini per poi inserirli

nella scuola dell'obbligo. Sarebbe opportuno che il candidato _____ (4. presentare) buone

doti creative e che _____ già _____ (5. occuparsi) di bambini disagiati.

Siamo sicuri che _____ (6. trattarsi) di un'esperienza molto gratificante soprattutto

per giovani attivi e estroversi.

È importante che voi _____ (7. telefonare) al più presto allo 0679–932346 o che

_____ (8. scrivere) all'indirizzo studenti@VIVA.it!

K Piaceri e dispiaceri del volontariato. Scegli l'espressione adatta e completa le seguenti frasi.

nel caso che	prima che	sebbene	malgrado
affinché	qualsiasi	benché	a meno che non

1. Ha bevuto ancora _____ il dottore gli avesse detto che gli avrebbe fatto male.

2. I volontari saranno in quattro dal lunedì al giovedì _____ ci sia un'emergenza nei

   nostri altri centri.

3. Devono essere completamente disintossicati _____ io possa cercare di reinserirli nel

   mondo del lavoro.

4. Lo abbiamo accompagnato al centro d'accoglienza _____ potesse dormire al caldo.

5. C'è bisogno che ci sia anche un dottore _____ lui stia male.

6. Ho cercato di aiutarlo _____ sapessi che non era pronto per entrare in comunità.

7. Il governo non ci darà mai così tanti soldi _____ cosa tu dica o faccia.

8. Ci sono molti volontari _____ la loro vita richieda molti sacrifici ed una grande

   preparazione.

L Era l'unico... Completa le seguenti frasi con la forma corretta del congiuntivo dei verbi forniti.

1. Non c'è nessun volontario che non _____ (rispettare) la sua associazione.

2. È il più bel regalo che i carcerati _____ (mai / ricevere).

3. Lucia è la sola persona che non _____ (lamentarsi) dei suoi colleghi.

4. È il solo alcolista che _____ (riuscire) a reinserirsi pienamente.

5. È il centro d'accoglienza più efficiente che loro _____ (mai / vedere).

6. Era il compito più difficile che lei _____ (mai / affrontare).

7. Ho dato in adozione l'unico cucciolo (*puppy*) che non _____ (essere) di razza.

8. Tra i tanti ambientalisti, Mario era il solo volontario che non gli _____ (piacere).

M Condizioni su condizioni. Completa le seguenti frasi con i dati forniti tra parentesi.

1. Avrebbe aiutato quell'alcolista a condizione che (lui / entrare in comunità)

_____

2. Sebbene fosse stato tre mesi in comunità (lui / non essere riuscito a disintossicarsi)

_____

3. Lui lavorava con gli immigranti nonostante (avere / poco tempo libero)

_____

4. Devono dare coperte ai senzatetto prima che (l'inverno / cominciare)

_____

5. Quei volontari hanno lavorato tutta la notte senza che (i senzatetto / saperlo)

_____

6. Non uso bombolette spray sebbene (non esserci / alternative valide)

_____

7. Aveva due orologi nel caso che (uno / non funzionare)

_____

8. Verranno ad aiutarci al rifugio a meno che non (esserci / sciopero dei mezzi pubblici)

_____

N Il tuo servizio alla comunità. Hai mai partecipato ad un'organizzazione che lavora in campo sociale? Se no, in quale tipo di organizzazione di volontariato desidereresti impegnarti? Pensi che sia (o sia stata) un'esperienza positiva? Scrivi un breve paragrafo utilizzando il congiuntivo.

_____

_____

_____

_____

_____

_____

_____

_____

_____

_____

_____

CAPITOLO 9

Tutti in passerella?

Lessico

A **Definizioni.** Abbina il vocabolo nella colonna di sinistra con la definizione giusta nella colonna di destra.

1. _____ le mutande

2. _____ lo smoking

3. _____ il sarto

4. _____ l'armadio

5. _____ cucire

6. _____ spogliarsi

7. _____ la pelliccia

8. _____ i collant

a. mettere insieme due pezzi di stoffa usando un filo e un ago

b. calze femminili spesso di seta o nylon

c. cappotto realizzato con il mantello di un animale

d. grande mobile usato per tenere vestiti

e. togliersi i vestiti

f. indumenti da indossare sotto gli abiti

g. chi fa vestiti su misura

h. abito maschile da sera

B **Cosa indosseresti?** Metti i capi d'abbigliamento nella categoria giusta.

bretelle gialle e viola   cravatta a farfalla   sciarpa di seta

calze a righe arancioni e blu   jeans   smoking

camicia a fiori   maglietta   tailleur

completo   pelliccia   vestito da sera

Per andare ad una cena da un amico	Per andare ad una cena elegante

C Quale materiale? Abbina il capo d'abbigliamento nella colonna di sinistra con la stoffa più logica nella colonna di destra. Potrebbe esserci più di una possibilità.

1. _____ calzoncini

2. _____ collant

3. _____ costume da bagno

4. _____ giacca

5. _____ scarpe

6. _____ maglietta

7. _____ maglione

8. _____ vestito da sera

a. camoscio

b. cotone

c. lana

d. pelle

e. acrilico

f. poliestere

g. seta

h. velluto

D Indovina la parola. Scegli la parola che meglio descrive le seguenti frasi.

l'armadio	l'abito	l'indossatrice	il numero
la marca	il saldo	il sarto	lo sconto
la sfilata	lo spogliatoio		

1. Il commesso te lo chiede quando vuoi provare scarpe: _____

2. Un completo con questa costerà molto di più: _____

3. Con questo puoi comprare il vestito a buon mercato: _____

4. Guardiamo questa per conoscere i nuovi modelli: _____

5. Alla fine delle stagioni, i negozi hanno questo: _____

6. Le modelle si cambiano qui: _____

E Mini-conversazioni. Completa le seguenti mini-conversazioni usando la parola corretta.

armadio	calzoncini	costumi da bagno	cravatta
indossare	jeans	maglione	marche
pantaloni	pigiama	saldi	scarponi (*mountain boots*)
sfilata	stivali	tailleur	vestiti

MINI-CONVERSAZIONE 1

MIRELLA: Paola, perché non mi accompagni stasera alla _____ (1)? Ho un biglietto in più

e promette di essere una serata divertente. Ci saranno tutti i nuovi _____ (2)

per quest'estate. Così potremo prepararci per il mese al mare in agosto!

PAOLA: Vorrei tanto venire ma non ho niente da _____ (3). Non si può andare senza

essere vestiti bene.

MIRELLA: Mettiti quel _____ (4) rosso che ti sta così bene.

PAOLA: È vecchio.

MIRELLA: Dai! È classico. Nessuno lo saprà.

PAOLA: Va bene, mi hai convinto.

MINI-CONVERSAZIONE 2

ANNA: Elisa, andiamo in centro. I _____ (5) sono incominciati ieri e se vogliamo trovare

dei bei _____ (6), bisogna andare quando c'è ancora qualcosa da comprare.

ELISA: Hai ragione! Ormai tutti aspettano il 15 luglio e i negozi sono pieni zeppi. Tutti vogliono vestiti firmati

e cercano le loro _____ (7) preferite.

ANNA: Dai. Andiamo!

MINI-CONVERSAZIONE 3

BEPPE: Ehi, Mancini, prepariamo lo zaino per andare in campeggio.

FRANK: Cosa devo portare?

BEPPE: Poco. È la cosa più bella del campeggio. Un paio di _____ (8), un

_____ (9) per la sera se fa freddo e dei begli _____ (10)

se per caso piovesse.

FRANK: Non porti il _____ (11) per dormire?

BEPPE: No. Dormo vestito. Tanto saranno solo due giorni!

FRANK: Se lo dici tu!

Grammatica

F Così sì, così no. Ricostruisci le frasi in maniera logica facendo attenzione alla concordanza dei tempi.

1. Vorrei che tu _____

2. Credevano che quel negozio _____

3. Il sarto non è contento che la sposa _____

4. Era triste che le due ragazze _____

5. Non sapevo che voi _____

6. Le piacerebbe che noi _____

7. Rosalba desidera che Mario _____

8. Quello stilista ha usato colori neutri affinché _____

a. vendesse solo abiti firmati.

b. non si metta la sua solita stupida cravatta alla festa.

c. i suoi vestiti potessero piacere a tutti.

d. scegliessi quel tailleur.

e. le regalassimo quella gonna.

f. sia ingrassata cinque chili nell'ultima settimana.
   Ora dovrà rifare il vestito.

g. aveste disegnato i vostri abiti.

h. si fossero messe lo stesso vestito per la festa.

G Anche l'esercizio e la dieta sono importanti. Completa le frasi con la forma corretta del congiuntivo.

1. Ieri ha corso un'ora nel parco sebbene _____ (piovere).

2. Voglio che tu _____ (provare) quella dieta prima di andare da un dottore.

3. Si è iscritta alla palestra senza che io lo _____ (sapere).

4. Bisognava che tu _____ (guardare) il contenuto calorico prima di comprare quel succo.

5. È importante che voi _____ (mangiare) poco e bene!

6. Non pensavo che la scorsa settimana lei _____ (perdere) tre chili.

7. Cosa pensi che loro _____ (fare) ieri per sembrare oggi così belli?

8. Non vedo l'ora che anche Paolo _____ (venire) con noi a fare jogging.

H Apparire ad ogni costo. Completa l'intervista con i verbi dati al congiuntivo o all'indicativo, facendo attenzione alla concordanza dei tempi.

GIORNALISTA: Oggi siamo qui a Milano per la presentazione delle nuove collezioni Primavera-Estate 2009 e

sebbene _____ (1. fare) molto freddo le modelle sfilano in costume

da bagno. Signorina Evangelisti, ma come fate?

MODELLA: Questa è la vita delle modelle. Si sfila sempre con almeno due mesi di anticipo sulla

stagione da presentare. Credo che il mio primo servizio fotografico, cinque anni fa,

_____ (2. essere) una presentazione di pellicce su una

spiaggia tropicale. Immagini che caldo! Ma gli stilisti si aspettavano che noi

_____ (3. apparire) sempre perfettamente a nostro agio. E questo

non è l'unico sacrificio che si _____ (4. dovere) fare per affermarsi

nel mondo della moda.

GIORNALISTA: Le sembra che ne _____ (5. valere) la pena? Cosa spinge tante

ragazze e ragazzi a cercare fortuna in un mondo così concentrato sull'apparire e

sull'aspetto fisico?

MODELLA: Dubito che il grande pubblico _____ (6. sapere) tutti i retroscena di

questa carriera. Comunque è una professione che _____ (7. dare)

molte soddisfazioni: celebrità, sicurezza economica e la possibilità di entrare in un mondo

sofisticato e di classe.

GIORNALISTA: Per quanto tempo _____ (8. lavorare / Lei) nel mondo della moda?

MODELLA: _____ (9. cominciare / io) quando _____

(10. avere / io) quindici anni.

GIORNALISTA: Nonostante lei _____ (11. essere) così giovane, la potremmo

considerare una veterana della moda. Quindi, per concludere, che consiglio darebbe ad una

giovane che vuole intraprendere questa carriera?

MODELLA: Bisogna che loro _____ (12. avere) pazienza e che

_____ (13. impegnarsi) molto. Solo così riusciranno ad

avere successo!

❶ Durante i saldi. Completa le seguenti frasi con il tempo e il modo corretto dei verbi tra parentesi.

1. Se vedo il vestito che mi piace, lo _____ (comprare) subito.

2. Se arriviamo presto, _____ (noi / potere) essere le prime ad entrare.

3. Se loro la _____ (chiamare), anche lei verrebbe.

4. Se ci saranno cose interessanti da uomo, _____ (io / volere) comprare qualcosa

   anche per il mio ragazzo.

5. Se comprerò tutte le cose che mi piacciono, _____ (io / avere) bisogno che tu mi

   venga a prendere in macchina.

6. Se noi non _____ già _____ (dire) a Michela che i saldi sono oggi,

   saremmo potute andare senza di lei.

7. Se prendo qualcosa che non mi sta bene, _____ (tu / dirmelo) subito!

8. Se mia madre _____ (sapere) quanto abbiamo speso, mi farebbe lavorare per

un anno.

J E se... ? Collega le seguenti frasi ipotetiche in maniera logica facendo attenzione ai modi e ai tempi verbali.

1. Se quegli stivali fossero stati in sconto,… _____

2. Se le modelle non arriveranno… _____

3. Se aveste più tempo libero,… _____

4. Quei vestiti non avrebbero alcun successo… _____

5. Da bambina se non volevo mettermi i vestiti rosa,… _____

6. Iscriviti alla nostra palestra! Se lo fai ora,… _____

7. Se la minigonna non mi andrà più bene,… _____

8. Se mi fossi messa quella pelliccia… _____

a. puoi avere il primo mese gratis.

b. mia madre mi diceva che non saremmo usciti.

c. metterò i pantaloni.

d. li avrei comprati.

e. andreste in palestra tutti i giorni?

f. cancelleranno la sfilata.

g. i miei amici animalisti si sarebbero offesi.

h. se non fossero firmati da Gucci.

K Solo ipotesi? Completa le frasi ipotetiche rispettando le correlazioni tra i tempi e i modi.

1. Se non avesse tante calorie,…

_____

2. …lo avrei messo al matrimonio di mio fratello.

_____

3. Se le modelle avessero fatto sciopero,…

_____

4. …non avremmo preso quell'impegno.

_____

5. Se vi fate fare un massaggio,…

_____

6. …i tatuaggi non sarebbero così popolari.

_____

7. Se frequentassi una palestra,…

_____

8. …non ne avevo voglia.

_____

L **Cosa facciamo in certi casi.** Completa le seguenti frasi a tuo piacere utilizzando il congiuntivo, l'indicativo, il condizionale o l'infinito a seconda dei casi.

1. Se il negozio non avesse la mia taglia, io _____

_____

2. Quella cintura è troppo cara! Penso di _____

_____

3. Se vedo una ragazza con delle scarpe che mi piacciono moltissimo, io _____

_____

4. Vorresti che quel cappotto _____

_____

5. Se da bambino/a mia mamma mi comprava un vestito che non mi piaceva _____

_____

6. Indosserei quel completo purché _____

_____

7. La moda giovane è la sola che _____

_____

8. In questo negozio non c'è nessuno che _____

_____

Ⓜ Nel caso che... Forma delle frasi ipotetiche partendo dagli elementi dati secondo il modello.

loro / mettersi / gli scarponi / se sapere di andare in montagna

Loro si sarebbero messi gli scarponi se avessero saputo di andare in montagna.

1. lei / mettersi la gonna / se non essere troppo corta

_____

2. loro / andare alla sfilata / se non fare brutto tempo

_____

3. noi / entrare in quel negozio / se quelle cravatte / non essere così care

_____

4. io / indossare l'abito di Armani / se trovare la taglia giusta

_____

5. tu / scegliere il pigiama / di cotone / se fare caldo

_____

6. voi / prendere l'aereo / se volere vedere le sfilate

_____

7. lui / affittare lo smoking / se potere andare al matrimonio

_____

8. io / comprare il costume da bagno / se sapere dov'era la piscina

_____

N Per essere belli. Guarda la vignetta e in base alle immagini, scrivi che cosa si è fatto fare Fabio per prepararsi alla festa. Scegli fra i verbi offerti.

tagliarsi i capelli	fare una maschera al viso	annodare (*to tie*) la cravatta
farsi un vestito su misura	stirare i pantaloni	

© Cengage Learning 2013

1. _____

2. _____

3. _____

4. _____

5. _____

⊙ Fare tendenza. Come vestirsi, come farsi belli, cosa mangiare e come arredare la casa seguendo le tendenze del momento. Forma delle frasi complete con gli elementi dati e quando possibile i pronomi.

domani / io / farsi / tagliare / i capelli

Domani me li farò tagliare.

1. ieri / mia madre / lasciare / tingere / i capelli / di verde / io

_____

2. fra dieci anni / i dietologi / lasciare / mangiare / cibi fritti / voi

_____

3. i miei genitori / l'anno scorso / non fare / mettere / i pantaloni larghi da rapper / io

_____

4. da bambino / io / non / lasciarsi / convincere / sui vestiti tradizionali

_____

5. è difficile che i genitori / lasciare / fare / tatuaggi / i loro figli

_____

6. l'anno scorso / loro / farsi / fare / completi nuovi

_____

7. domani / sua cugina / farsi / comprare / gioielli

_____

8. io / nel passato / lasciare / decidere / l'arredamento / mia moglie

_____

P **A chi lo fai fare?** Rispondi alle seguenti domande con i verbi causativi secondo le indicazioni date. Poi riscrivile usando i pronomi oggetto diretto e indiretto dove possibile.

ESEMPIO

A chi hai fatto tradurre le tue relazioni? (mio padre)
Le ho fatte tradurre a mio padre.
Gliele ho fatte tradurre.

1. A chi hai lasciato portare i pantaloni a zampa d'elefante? (ai figli dei fiori)

_____

_____

2. A chi ho fatto pagare il conto del parrucchiere? (al mio fidanzato)

_____

_____

3. Da chi ha lasciato truccare la sua modella preferita? (dal truccatore delle stelle)

_____

_____

4. A chi avete fatto indossare i vostri vestiti vecchi? (a voi)

_____

_____

5. Da chi si sono fatti fare le scarpe su misura? (dal calzolaio)

_____

_____

6. A chi hai fatto cucire il tuo abito da sposo? (al sarto)

_____

_____

7. A chi abbiamo lasciato vedere le sfilate di Armani? (a te)

_____

_____

8. Da chi si è lasciato convincere a farsi fare un tatuaggio? (dai suoi amici)

_____

_____

Q Vita da modelli. Oggi le modelle o i modelli sono personaggi famosi; spesso passano dalle passerelle al mondo del cinema o comunque hanno riconoscimenti mondiali. Molti ragazzi e ragazze vedono in questa carriera un modo per realizzare i propri sogni, nonostante solo pochi riescano ad affermarsi e al prezzo di molte rinunce e compromessi. Scrivi un breve paragrafo dove esprimi la tua opinione a proposito.

_____

_____

_____

_____

_____

_____

_____

CAPITOLO 10

Fortunato al gioco, sfortunato in amore?

Lessico

A **Tabù.** Definisci le parole seguenti evitando di usare le parole «tabù» tra parentesi.

1. **carte** (gioco, briscola, passatempo, partita)

   _____

2. **Formula 1** (automobile, Nascar, macchina, Ferrari)

   _____

3. **cartomante** (futuro, chiromante, fortuna, carte)

   _____

4. **cartella** (tombola, numeri, estrazione, vincere)

   _____

5. **dado** (giocare d'azzardo, scommettere, tirare, cubo)

   _____

6. **nuoto** (acqua, piscina, mare, oceano)

   _____

B Le carte. Identifica le seguenti carte scrivendo il numero e il seme.

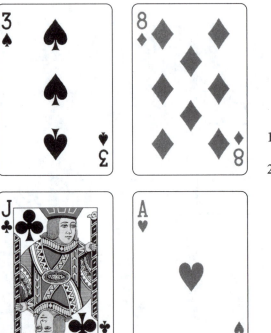

1. _____

2. _____

3. _____

4. _____

C Al Bellagio. Completa la seguente cartolina scegliendo dalle parole qui date.

carta	cartella	segnalini	mano
estrarre	banditore	avversario	tombola
caselle	punteggio	premi	passatempo

Carissimo Riccardo,

ti scrivo dal Bellagio a Las Vegas dove

mi sembra di essere proprio in Italia.

Stiamo trascorrendo le vacanze qui e

abbiamo trovato il nostro

_____ (1) preferito.

Appena siamo entrati in albergo,

abbiamo visto una partita di

_____ (2), proprio quella

romana. C'era il _____ (3)

che estraeva i numeri e li chiamava in

italiano. Ogni _____ (4)

aveva le _____ (5) con il

numero, un disegno e le parole scritte

in dialetto. Era anche carino perché

i _____ (6) erano fatti

di pasta nella forma di farfalline.

I _____ (7) poi erano

molto più divertenti dei soliti prosciutti

che vinciamo a Roma. Qui, ti danno soldi!

Un abbraccio,

Silvia

D Definizioni. Abbina la definizione nella colonna sinistra alla parola nella colonna di destra.

1. _____ svago

2. _____ avversario

3. _____ scacchi

4. _____ mazziere

5. _____ scartare

6. _____ punteggio

7. _____ estrazione

8. _____ mazzo

a. insieme delle carte da gioco

b. numero di punti

c. divertimento

d. l'atto di pescare un numero

e. chi sta dall'altra parte

f. antichissimo gioco

g. chi distribuisce le carte

h. mettere sul tavolo una carta che si ha in mano

E Di quale sport si parla? Scrivi accanto alla definizione il nome dello sport corrispondente preceduto dall'articolo definito.

1. Per farlo si va in bici: _____

2. Si gioca in undici ma solo uno può usare le mani: _____

3. In acqua sì, ma con la palla: _____

4. Si gioca in quindici con una palla ovale: _____

5. Un campionato per case automobilistiche: _____

6. C'è una rete (*net*), ma non ci sono racchette: _____

7. Comprende tanti sport differenti, tra cui i 5.000 metri e il salto in lungo: _____

8. L'italiano Bargnani ci gioca nell'NBA: _____

F Mini-conversazioni. Completa le seguenti mini-conversazioni usando la parola corretta.

banditore	carte	cartomante	conto
fante	giocatori	ho scommesso	lotto
mazziere	mazzo	partita	scacchi

MINI-CONVERSAZIONE 1

MADRE: Non buttare più via i soldi dalla _____ (1).

FIGLIA: Non li perdo. È veramente brava. Riesce sempre a dirmi cose che poi succedono.

MADRE: Certo. Pensi davvero che sappia leggere le _____ (2)?!? Sa inventare il futuro, credi a me.

FIGLIA: Non lo inventa. Mi ha sempre aiutato con decisioni importanti. Io _____ (3) su di lei.

MADRE: Basta. Non ne posso più.

DARIA: Vieni stasera da Luigi?

OLGA: Perché, cosa fate?

DARIA: Giochiamo a _____ (4).

OLGA: Non so giocare, e poi non amo i giochi da tavola.

DARIA: Ti insegno io. Non tutti i _____ (5) sono bravi. Ci saranno altri nuovi.

OLGA: Va bene ma sono sicura che avrei più possibilità di vincere se giocassi al _____ (6)!

EDOARDO: Giochiamo a Briscola! Chi fa il _____ (7)?

BEPPE: Lo faccio io. C'è un nuovo _____ (8) di carte?

EDOARDO: Quasi nuovo. Abbiamo fatto una _____ (9) ieri sera. Purtroppo _____ (10)

cinque euro e li ho persi!

BEPPE: Poteva anche andar peggio!

Grammatica

G La Malora. Trasforma le seguenti frasi nella forma passiva.

1. Un uomo di Lequio ha vinto un milione.

_____

2. Conoscevo tutti gli amici del Pavaglione.

_____

3. Baldino tira fuori il mazzo tutte le sere.

_____

4. Lui mischiava tutte le carte.

_____

5. Tobia consegnò il mazzo a Baldino.

_____

6. Tobia studiava il gioco.

_____

7. Noi perdemmo tutti i soldi.

_____

8. Loro hanno prestato i soldi a Tobia.

_____

Ⓗ Il colore dei soldi. Forma delle frasi complete con gli elementi dati e i verbi forniti alla forma passiva.

1. lo scorso Natale / la mia famiglia / giocare / tombola / per tre ore

_____

2. fra dieci anni / nei casinò / proibire / il gioco d'azzardo

_____

3. quando eravamo bambini / io e i miei fratelli / non rispettare / le regole del gioco

_____

4. penso che / le autorità / non accettare / queste scommesse illegali

_____

5. nella prossima partita / i giocatori / non lasciare fare / nessuna scopa

_____

6. bisognerebbe che / loro / imparare / prima della partita / il significato dei segni

_____

7. oggi / distribuire / il primo premio / a meno che / i ladri / non rubare / i soldi

_____

8. raramente / i clienti / capire / la tecnica della chiromante

_____

Ⓘ Non ho capito. Sii più chiaro! Rispondi alle domande utilizzando la forma passiva.

1. L'Italia ha vinto la Coppa del Mondo di calcio del 2006. Chi?

_____

2. Più di ventotto milioni di telespettatori hanno visto le ultime olimpiadi. Quanti?

_____

3. Un arbitro e due guardalinee conducono le partite di calcio. Chi?

_____

4. Nei prossimi anni delle telecamere aiuteranno gli arbitri anche nel calcio. Cosa?

_____

5. Il discobolo russo aveva lanciato il disco oltre il record mondiale. Chi?

_____

6. Penso che quel giocatore di baseball abbia preso troppi steroidi. Cosa?

_____

7. Se fossimo più interessati, guarderemmo la Formula 1 più spesso? Cosa?

_____

8. Quel rugbista faceva almeno due mete in ogni partita. Cosa?

_____

J Le regole del gioco. Trasforma le seguenti frasi dalla forma passiva a quella attiva.

1. I giudici non volevano che i giocatori fossero disturbati dal pubblico.

_____

2. Bisognerebbe che i premi non fossero visti dai bambini prima dell'estrazione finale.

_____

3. La partita sarebbe stata vinta da Tullio solo se le regole fossero state cambiate dall'arbitro.

_____

4. La schedina (*Totocalcio form*) è stata giocata da quegli italiani.

_____

5. Dai bari (*cheaters*) furono adottate delle tecniche che non poterono essere scoperte dagli arbitri.

_____

6. Regole così severe non verrebbero applicate dai giudici di gara se non fosse già stato trovato il sistema per superarle dai giocatori.

_____

K **Uno, due, tre… stella!** Trasforma le frasi dalla forma attiva alla forma passiva usando il *si* passivante.

ESEMPIO

Avevano stabilito le stesse regole per adulti e bambini.

Si erano stabilite le stesse regole per adulti e bambini.

1. Avreste potuto dare le carte in senso antiorario?

_____

2. Gli italiani spendono tremila euro all'anno per il Totocalcio.

_____

3. Nel '97 i giovani compravano un nuovo videogioco all'anno.

_____

4. Se avessimo vinto la gara, avremmo guadagnato alcuni milioni.

_____

5. Avevamo fatto terno (*set of winning numbers*) sulla ruota di Milano ma non abbiamo controllato le estrazioni.

_____

6. Lo stato tassa le vincite alla lotteria a meno che non abbiate investito tutto il denaro prima di dicembre.

_____

7. Tutti seguirono le estrazioni del Lotto.

_____

8. Hanno riconosciuto il campione di poker dal cappello che portava.

_____

L Che cosa si fa? Guarda la vignetta e in base alle immagini scrivi che cosa fanno queste persone usando il *si* impersonale o il *si* passivante.

© Cengage Learning 2013

1. _____

2. _____

3. _____

4. _____

5. _____

6. _____

M Generalizzando. Svolgi le seguenti frasi usando il *si* impersonale o passivante e i pronomi.

1. Possiamo scartare una carta solo quando vediamo il nostro compagno in difficoltà.

   _____

2. Tutti credono ai portafortuna quando perdono molti soldi.

   _____

3. Molti si sono divertiti al bar e tutti hanno vinto un premio.

   _____

4. Non potete fare i segni a meno che non lo diciate al mazziere.

   _____

5. Organizzate la festa e distribuite molti volantini.

   _____

6. Se aggiungessero un giocatore, non potrebbero parlargli.

   _____

7. Dobbiamo dire all'arbitro il nostro segreto.

   _____

8. Potete vincere una partita ma non potete parlarne con nessuno.

   _____

N Domande innocenti. Rispondi alle domande usando il *si* impersonale o passivante e gli elementi forniti.

ESEMPIO

   Dove avete giocato a tombola? (al circolo)
   Si è giocato a tombola al circolo.

1. Quando vi siete messi la vostra maglietta fortunata? (per le partite importanti)

   _____

2. Perché usavate i tarocchi? (per leggere il futuro)

   _____

3. A che ora lo incontrerai per giocare la schedina? (stasera alle 9.00)

   _____

4. Fino a quando puoi giocare al lotto? (mercoledì alle 20.00)

   _____

5. Come giocate a sbarazzino? (con un mazzo di carte da briscola)

_____

6. A chi manderete i biglietti della lotteria Italia? (al fratello di Pietro)

_____

7. Quanti punti avevate fatto con i dadi? (sette)

_____

8. Da chi andaste per conoscere il vostro futuro? (dalla chiromante)

_____

O Le regole per lo stadio. Lucia deve portare il tuo fratellino allo stadio ma vuole che si comporti bene. Leggi le risposte che Lucia ha dato alle domande di tuo fratello e cerca di immaginare quale era stata la domanda.

1. No, non li si può lanciare.

_____

2. No, non la si può bere.

_____

3. Sì, ci si può andare durante l'intervallo.

_____

4. Sì, li si vende in tutti gli stadi.

_____

5. Sì, lo si deve cantare stando in piedi.

_____

6. No, ci si deve andare a piedi.

_____

7. Sì, la si può comprare fuori dallo stadio.

_____

8. No, non li si può invitare. Abbiamo solo due biglietti.

_____

P Come si gioca? Quale gioco o passatempo si faceva spesso quando eri bambino/a? Qual è il tuo preferito? Scrivi un breve paragrafo dove spieghi le regole del gioco usando il *si* impersonale o il *si* passivante.

_____

_____

_____

_____

_____

_____

_____

_____

_____

_____

_____

CAPITOLO 11

Chi li ha visti?

Lessico

A **Al cinema.** Leggi le descrizioni dei film e poi decidine il genere e scrivi la risposta.

film romantico	film storico	film di fantascienza
film d'animazione	film dell'orrore	film giallo

1. Dopo il divorzio, tutto è cambiato. L'indifferenza dei rapporti familiari, l'amore soffocato, non esistono più nello stesso momento in cui Carla ritrova il suo ex-fidanzato e la passione si riaccende.

   _____

2. Le strane avventure di Homer, Marge, Bart, Lisa e Maggie Simpson non si fermano al piccolo schermo della televisione e arrivano finalmente al cinema. Quando Homer decide di adottare un maiale scatena un disastro ambientale che costringe il governo americano a distruggere Springfield.

   _____

3. Il sonnambulismo di suo marito crea nella protagonista una paura angosciante. E non è solo il suo sonnambulismo che la preoccupa ma i luoghi che frequenta e i libri sul demonio che legge.

   _____

4. Le scene di questo film offrono una sorpresa dopo l'altra anche per i più grandi appassionati di questo genere. Gli alieni invadono tutto il mondo in modi diversi a seconda del paese in cui arrivano.

   _____

5. Una studentessa di medicina è coinvolta in un'orrenda vicenda di mafia.

   _____

6. Con l'enorme potere che ha acquistato con il lavoro, Helen si trova a contatto con la gente più potente al mondo. Quando però scompare il suo amante, e l'FBI la interroga, tutto cambia. Scopre che l'amante era sposato ed ora lei è considerata un possibile sospetto.

   _____

7. Luke Skywalker sullo schermo per il sesto episodio *Return of the Jedi*.

   _____

8. Le tragedie di quella guerra finiscono solo con l'invasione del loro esercito.

   _____

B In Italia si dice così. Scrivi accanto ad ogni definizione la parola che meglio la descrive preceduta dall'articolo definito.

1. È l'insieme delle canzoni che sono utilizzate in un film. _____

2. La facciamo se c'è molta gente che compra biglietti per il film che vogliamo vedere. _____

3. Ci sono nei film italiani se il film non è stato doppiato. _____

4. È la pubblicità per un film. _____

5. Ce ne sono moltissimi nei film di fantascienza. _____

6. Li sono Dylan Dog, Tex Willer e Nathan Never. _____

7. È la riproduzione di un fumetto che era già stato pubblicato. _____

8. È dove mettiamo i DVD per guardarli ma non è un computer. _____

C Un film per te. Segna le sei qualità più importanti per te quando vai al cinema.

❏ Il film straniero è doppiato.

❏ Ci sono effetti speciali.

❏ La colonna sonora è bella.

❏ È stato girato in Europa.

❏ Il copione è intelligente.

❏ Il film è tridimensionale (3-D).

❏ Il tuo attore preferito interpreta la parte principale.

❏ I costumi sono all'antica.

❏ Non ci sono scene di nudo.

❏ Non devi fare la fila.

❏ È un documentario.

❏ È un lungometraggio.

❏ Ci sono sottotitoli.

❏ Il regista è famoso.

❏ C'è un'attrice italiana.

❏ C'è una biglietteria automatica.

❏ È un film in bianco e nero.

❏ È un film a colori.

❏ Hai visto l'anteprima.

D Descrivilo! Adesso descrivi un film che hai visto e che aveva queste sei qualità dell'esercizio C.

_____

_____

_____

_____

_____

_____

_____

_____

_____

_____

E Cosa fai? Collega logicamente le frasi della colonna di destra con quelle di quella di sinistra.

1. _____ Guardi un film dell'orrore.

2. _____ Prendi a noleggio un film alla videoteca.

3. _____ Scrivi una lettera all'editore.

4. _____ Compri un libro o dei fumetti per una raccolta.

5. _____ Chiudi gli occhi alle scene violente.

6. _____ Guardi un film più di una volta.

7. _____ Arrivi al cinema dopo le anteprime.

a. Non sopporto il sangue.

b. Non ho voglia di uscire.

c. Il film ti ha molto colpito.

d. Sono un lettore vorace.

e. Non mi piace perdere tempo in fila.

f. Non ho paura di niente.

g. Non sono d'accordo con la recensione.

F Mini-conversazioni. Completa le seguenti mini-conversazioni usando la parola corretta.

attore	biglietteria	colonna sonora
commedia romantica	doppiano	episodio
fila	girato	romantica
interpretava	scena	sottotitoli

MINI-CONVERSAZIONE 1

EDOARDO: Hai visto l'ultimo _____ (1) di *Guerre Stellari*?

LUIGI: No. Ho fatto la _____ (2) per due ore e quando sono arrivato alla

_____ (3) i biglietti erano finiti.

EDOARDO: Peccato. Il tuo _____ (4) preferito _____ (5)

il personaggio principale.

LUIGI: Davvero? Allora ci dovrò tornare, ma questa volta prenoto prima il biglietto.

MINI-CONVERSAZIONE 2

ANNA: Mi vuoi accompagnare a vedere *Pane e tulipani*?

MARIA: No, grazie. Non mi piace leggere i _____ (6).

ANNA: Ma dai! Non essere pigra! È una bellissima _____ (7). Ne vale la pena.

MARIA: Non capisco perché non _____ (8) i film. Mi dà fastidio leggere.

ANNA: Va bene, ma perderai un bel film. È stato _____ (9) in Italia e sai

quanto mi manca l'Italia! Ora devo proprio scappare, il film comincia fra mezz'ora! Ciao.

Grammatica

G Perché lo dice? Analizza le affermazioni riportate e prova a indovinare il motivo per cui sono state fatte.

ESEMPIO

Il regista ha affermato che nessuno avrebbe capito il film.

L'ha affermato perché il film non è stato doppiato.

1. I produttori dissero che avrebbero aumentato i finanziamenti per i film d'animazione.

   _____

   _____

2. I professori hanno detto che se gli studenti avessero continuato a leggere fumetti, non avrebbero passato l'esame.

   _____

   _____

3. Quell'attrice italiana giurò di non avere mai pensato di trasferirsi a Hollywood.

   _____

   _____

4. Federico Fellini domandò quando avrebbe vinto un Oscar.

   _____

   _____

5. Sophia Loren disse che per fare l'attrice non è necessario andare a scuola di recitazione.

   _____

   _____

6. Tex Willer ha urlato di alzare le mani e di mettere le pistole sul pavimento.

   _____

   _____

7. Isabella ha suggerito che i suoi amici andassero a vedere quel film.

   _____

   _____

8. Charlie Chaplin diceva sempre che la mimica è la caratteristica più importante di un attore.

   _____

   _____

H **Lui dice che lei ha detto che io dico...** Nella tabella sono presenti delle frasi al discorso diretto e la loro trasformazione in discorso indiretto. Le frasi al discorso indiretto non sono complete. Inserisci le parti mancanti.

1. Carla ha detto: «Quando vado al cinema, raramente mi diverto e spesso devo fare la coda per comprare i biglietti».	Carla ha detto che quando _____ al cinema, raramente si _____ e spesso _____ fare la coda per comprare i biglietti.
2. Il regista chiese: «Che cosa vogliono tutte queste giovani attrici che non hanno nemmeno letto il copione?»	Il regista chiese che cosa _____ tutte _____ giovani attrici che non _____ nemmeno letto il copione.
3. Il doppiatore ha dichiarato: «Se avessi la voce di Robert De Niro, non doppierei Paperino».	Il doppiatore ha dichiarato che se _____ la voce di Robert De Niro non _____ Paperino.
4. La madre urla: «Mia figlia non farà mai l'attrice, a meno che non mi prometta di finire l'università».	La madre urla che _____ figlia non _____ mai l'attrice, a meno che non le promettesse di finire l'università.
5. Il giovane ha detto: «Poco fa ho comprato l'ultimo numero di Dylan Dog. Questo è proprio il mio fumetto preferito».	Il giovane ha detto che _____ aveva comprato l'ultimo numero di Dylan Dog e che _____ era proprio il _____ fumetto preferito.
6. Il critico teatrale ha ammesso: «Penso che la cinematografia abbia già superato il teatro, almeno se si considerano gli incassi».	Il critico teatrale ha ammesso di _____ che la cinematografia _____ già _____ il teatro, almeno se si consideravano gli incassi.

I «Tra virgolette». Svolgi le seguenti frasi dal discorso indiretto al discorso diretto.

1. Gli studenti del corso di dizione hanno domandato all'attore se poteva ripetere l'ultima scena.

   _____

   _____

2. Mia nonna dice di pensare che nei film moderni ci siano troppe parolacce e violenza e che i bambini non dovrebbero vederli senza la supervisione di un adulto.

   _____

   _____

3. I ragazzi mi chiesero se non avevo mai visto un film di fantascienza.

   _____

   _____

4. Io ho ribattuto che, se ne avessi visto uno, me ne sarei ricordato.

   _____

   _____

5. Suo fratello lo ha pregato di dirgli com'era finita l'ultima puntata del suo telefilm preferito.

   _____

   _____

6. Lui ha risposto che non lo sapeva perché a quell'ora stava studiando e non aveva guardato la TV.

   _____

   _____

7. Antonella disse che le piacevano i fumetti, ma che preferiva leggere un buon libro.

   _____

   _____

8. I giornalisti diranno che quell'attore non merita di vincere l'Oscar perché non sa recitare.

   _____

   _____

J Dal libro al fumetto. Leggi il dialogo e riscrivilo su un foglio a parte, trasformandolo in discorso indiretto introdotto da un verbo al presente.

EMILIO: Sei sempre in libreria. Stai controllando se uno dei tuoi libri è già entrato nelle classifiche dei più venduti?

NADIA: Ti sbagli. Forse non lo sai, ma ho deciso di abbandonare la carriera di scrittrice. È difficile trovare un editore

disposto a pubblicarti e poi il guadagno non ripaga certo il lavoro continuo di revisione e di ricerca!

EMILIO: Mi sembra impossibile. Adesso che progetti hai?

NADIA: Non ho proprio abbandonato del tutto: mi occupo di un altro genere. C'è un progetto molto interessante a cui sto lavorando e che spero mi darà molte soddisfazioni.

EMILIO: Sono proprio curioso. Sei forse diventata un critico letterario?

NADIA: No, quello non lo farei mai! Sto curando un'edizione a fumetti di classici della letteratura. Io mi occupo dei testi, ed il libro sarà accompagnato anche da un CD-ROM che permetterà ai lettori di modificare la storia intervenendo direttamente sul testo.

EMILIO: È un'idea geniale. Considerando l'interesse dei giovani per i fumetti, il successo sarà assicurato.

Ⓚ Un film che piace. Come sopra, trasforma il dialogo in discorso indiretto utilizzando però il verbo introduttivo al passato.

STEFANO: A dire la verità, anche se non ci avrei creduto, mi è piaciuto quel film molto di più di quanto pensassi.

LUCIA: Era un film divertentissimo, sono proprio contenta che tu abbia deciso di accompagnarmi.

STEFANO: Di solito i film comici non mi fanno ridere ma in questo caso è stato il contrario.

LUCIA: La mia unica delusione è stata la recitazione della protagonista. Mi aspettavo molto di più, ma non si può essere sempre perfetti!

STEFANO: È vero. Invece, la colonna sonora mi ha incantato e la comprerò appena esce.

LUCIA: Hai ragione. Poi ho visto su un cartellone al cinema che il nuovo episodio di *Harry Potter* uscirà entro un mese per cui abbiamo un altro appuntamento!

STEFANO: Non dimenticarlo!

Ⓛ Luci della ribalta (*Limelight*). Hai fatto un colloquio all'accademia d'arte drammatica. Spiega come si è svolto, formulando le domande che ti sono state fatte usando il discorso diretto. Segui i suggerimenti dati.

ESEMPIO

Il direttore mi ha ordinato di recitare una poesia.
Il direttore ha ordinato: «Reciti una poesia!»

1. Il coreografo mi ha domandato se avessi mai seguito lezioni di danza classica.

_____

2. Gli ho risposto che non ne avevo mai seguite ma che sapevo ballare musiche jazz e moderne.

_____

3. Lui ha ribattuto che per entrare all'accademia avrei dovuto studiare dizione e recitazione.

_____

4. Io ho detto di aver fatto un corso per doppiatori e di aver partecipato ad alcune pubblicità televisive.

_____

5. Allora ha aggiunto che, se avessi voluto, poco dopo ci sarebbe stato un provino con il regista.

_____

6. Io ho risposto che mi sarebbe piaciuto molto e che non vedevo l'ora di cominciare.

_____

7. Mi ha consigliato di andare a provare i costumi di scena e di prendere appuntamento con il truccatore.

_____

8. Io ho esclamato che quello era il più bel giorno della mia vita e che non si sarebbe pentito di avermi aiutato.

_____

M **Cinema, che passione!** Federico ama moltissimo il cinema e con una bugia trova il modo di andarci anche quando il suo dovere di studente non glielo permetterebbe. Riscrivi cosa ha pensato Federico utilizzando il discorso indiretto.

1. _____

_____

2. _____

_____

3. _____

_____

4. _____

_____

Ⓝ Il mio eroe dei fumetti. Immagina di poter intervistare il tuo eroe dei fumetti preferito. Scrivi quattro domande e le quattro risposte che lui ti avrà dato in forma diretta, quindi riscrivi l'intera intervista in forma indiretta.

Domanda 1: _____

Risposta 1: _____

Domanda 2: _____

Risposta 2: _____

Domanda 3: _____

Risposta 3: _____

Domanda 4: _____

Risposta 4: _____

_____

_____

_____

_____

_____

O Il film del mese. Sei andato a vedere un film che ti ha molto colpito. Descrivine brevemente le caratteristiche (trama, attori, regista, le emozioni che hai provato, ecc.) e cita almeno una frase che ha catturato la tua attenzione utilizzando il discorso indiretto.

_____

_____

_____

_____

_____

_____

_____

_____

_____

_____

CAPITOLO 12

Italiani si diventa?

Lessico

A **Cerca l'intruso.** Le parole inserite nelle categorie non sono tutte pertinenti. Individua la parola o le parole che non c'entrano e spostale nella categoria appropriata. Poi crea una categoria nuova per le parole che non c'entravano.

L'ufficio postale	La stazione	L'ospedale	L'appartamento
l'acconto	il vaglia	il ricovero	il supplemento rapido
il permesso di soggiorno	la prenotazione	la pastiglia	il destinatario
il francobollo	l'extracomunitario	l'ambasciata	la bolletta
l'allacciamento del telefono	la vaccinazione	l'inquilino	il visto
il mittente	la biglietteria	la diagnosi	lo sportello

1. L'ufficio postale: _____

2. La stazione: _____

3. L'ospedale: _____

4. L'appartamento: _____

5. _____ : _____

B **Definizioni.** Completa la definizione con la parola corretta. Includi anche l'articolo definito.

1. _____ : è la persona che manda la lettera.

2. _____ : sono i soldi anticipati per l'acquisto o l'affitto di una casa.

3. _____ : arriva ogni mese per la luce, il telefono, il gas.

4. _____ : è necessario per uno straniero per lavorare.

5. _____: è l'impiegato che consegna la posta.

6. _____: è una persona che vive in un paese illegalmente.

7. _____: è obbligatoria per comprare certe medicine in farmacia.

8. _____: è ciò che si deve fare per rendere legale un contratto.

C Dal medico. Completa il seguente brano con la parola corretta.

cura	iniezione	mal di testa
medicina	pastiglie	ricetta
sdraiarsi		

Da una settimana mia sorella ha _____ (1). Ha preso molte _____ (2) ma

ancora ne soffre. Oggi ha deciso finalmente di andare dal medico per trovare una _____ (3).

Purtroppo, il medico non ha trovato la causa. Le ha dato una _____ (4) per un'altra

_____ (5) e le ha consigliato di tornare a casa e di _____ (6). Ha detto che

probabilmente soffriva di un'emicrania e che se quella nuova medicina non avesse funzionato, avrebbe fatto

bene a tornare da lui e le avrebbe fatto un' _____ (7). Altrimenti, c'era poco da fare.

D Famiglie di parole. Guarda la lista e trova tutte le parole possibili per completare le seguenti famiglie di parole. Per alcune parole, non ci sarà tutta la famiglia. Qualche volta però ci può essere più di una forma nominale.

Infinito	Aggettivo	Nome
1. immigrare		
2. permettere		
3. allacciare		
4. firmare		
5. impiegare		
6. affittare		
7. prenotare		

E Mini-conversazioni. Completa le seguenti mini-conversazioni usando la parola corretta.

aerea	affitto	allacciamento	ambasciata
bilocale	cartolina	compilare	curriculum vitae
francobollo	gas	luce	modulo
pacco	questore	soggiorno	stage

MINI-CONVERSAZIONE 1

FIGLIO: Spero proprio di poter fare lo _____ (1) all' _____ (2) del

Canada quest'estate.

PADRE: Cosa ti hanno detto quando gli hai portato il _____ (3)?

FIGLIO: Mi hanno detto di _____ (4) il _____ (5) e che mi

avrebbero chiamato fra qualche giorno.

PADRE: Mi sembra molto positivo. Speriamo bene!

MINI-CONVERSAZIONE 2

IMPIEGATO: Buon giorno. Mi dica!

LUCA: Buon giorno. Avrei bisogno di spedire questo _____ (6) di libri.

IMPIEGATO: Via posta _____ (7)?

LUCA: Sì, vorrei che arrivasse presto. Ho quasi dimenticato. Quanto costa spedire questa

_____ (8) negli Stati Uniti?

IMPIEGATO: Basta mettere un _____ (9) da 65 centesimi.

LUCA: Perfetto, grazie.

MINI-CONVERSAZIONE 3

Drin.... Drin...

PADRONE: Pronto.

RAGAZZO: Pronto. Vorrei sapere quanto è l' _____ (10) per quel

_____ (11) in Via Fratelli Rossi che è sul giornale.

PADRONE: È 2.000 euro al mese.

RAGAZZO: Sono compresi la _____ (12) e il _____ (13)?

PADRONE: Sì, ma non il riscaldamento.

RAGAZZO: D'accordo. E c'è già un telefono o bisogna fare l' _____ (14)?

PADRONE: Già fatto, basta avvertire la compagnia telefonica.

Grammatica

F Un padrone di casa... terribile. Sei il proprietario/la proprietaria di una casa e sei stanco/a di dover ripetere sempre ai tuoi inquilini quello che devono fare o quello che è vietato fare. Prepara otto cartelli (*signs*) da attaccare nell'appartamento usando l'infinito.

> **ESEMPIO**
>
> *TOGLIERSI LE SCARPE PRIMA DI ENTRARE!*
> o *VIETATO FUMARE!*

1. _____

2. _____

3. _____

4. _____

5. _____

6. _____

7. _____

8. _____

G Tentar non nuoce (*It doesn't hurt to try*). Trasforma le seguenti frasi usando l'infinito presente. Fa' attenzione alle preposizioni.

> **ESEMPIO**
>
> L'affermazione che nessuno avrebbe capito fece innervosire il questore.
> *Affermare che nessuno avrebbe capito fece innervosire il questore.*

1. Il lavoro è un diritto sancito dalla Costituzione.

_____

2. La compilazione dei permessi di soggiorno richiede almeno due ore.

_____

3. La lettura del contratto d'affitto garantisce migliori rapporti tra inquilino e padrone di casa.

_____

4. Il ricongiungimento (*reuniting*) delle famiglie degli immigrati consente una migliore integrazione sociale.

_____

5. La spedizione per posta ordinaria non sempre garantisce di ricevere i documenti in tempo utile.

_____

6. Il pagamento delle bollette all'ufficio postale comporta il rischio di dover fare file inutili.

_____

7. L'emissione di nuovi francobolli è di competenza del Ministero delle Poste e delle Telecomunicazioni.

_____

8. Secondo alcuni, la proibizione del fumo negli uffici pubblici è una stupida idea.

_____

H Vivere in Italia. Rispondi alle domande usando l'infinito passato.

ESEMPIO

Quando si ottiene il permesso di soggiorno? (compilare il modulo in Questura)

Si ottiene il permesso di soggiorno dopo aver compilato il modulo in Questura.

1. Quando si può entrare in un nuovo appartamento? (lasciare la caparra)

_____

_____

2. Quando si ottiene il tesserino sanitario? (iscriversi all'A.S.L.)

_____

_____

3. Quando hai deciso di trasferirti in Italia? (finire gli studi)

_____

_____

4. Quando hanno potuto iscriversi all'università? (passare l'esame d'ammissione)

_____

_____

5. Quando vi hanno allacciato la linea telefonica? (richiedere il contratto)

_____

_____

6. Quando hai saputo di avere bisogno di un visto? (provare a lavorare illegalmente)

_____

_____

7. Quando hanno capito che si poteva pagare anche in banca? (ricevere la bolletta)

_____

_____

8. Quando ti sei accorto/a di avere perso il treno? (vedere il binario vuoto)

_____

_____

❶ In questo preciso momento. Osserva Mario e, usando la forma **stare** + *gerundio,* scrivi dov'è e quello che sta facendo in ogni vignetta.

1. _____

2. _____

3. _____

4. _____

5. _____

6. _____

J Sbagliando s'impara. Trasforma le seguenti frasi in modo appropriato usando il gerundio.

ESEMPIO

Con gli insulti non ottieni nulla.
Insultando non ottieni nulla.

1. Se affitti un appartamento per tre anni, puoi rinnovare il contratto più facilmente.

_____

2. Con il lavoro si guadagna uno stipendio.

_____

3. Se tu sposassi un cittadino italiano, otterresti la cittadinanza?

_____

4. Mentre aspettavo il mio turno, ho letto tre capitoli del libro.

_____

5. È vero che si sono incontrati mentre cercavano un lavoro?

_____

6. È stato difficile ottenere un permesso dato che non sapevo dove fosse l'ufficio stranieri.

_____

7. Se ti eserciterai, imparerai a cavartela.

_____

8. Aspettò il treno successivo perché il primo era in ritardo.

_____

K Perché? Analizza le affermazioni riportate e prova a indovinare il motivo per cui sono state fatte. Usa il gerundio passato per spiegare le tue opinioni.

ESEMPIO

Il sindacato degli inquilini ha concluso la riunione in anticipo.
Avendo già analizzato tutti i punti all'ordine del giorno, il sindacato degli inquilini ha concluso la riunione in anticipo.

1. I padroni di casa hanno organizzato un sindacato che li protegga.

_____

_____

2. Ho imparato a bere il caffè al banco e a non lasciare la mancia.

_____

_____

3. Questa volta avete spedito un pacco con raccomandata assicurata.

_____

_____

4. Lo sciopero degli autobus non vi ha colto di sorpresa.

_____

_____

5. L'agenzia di collocamento non accetta permessi di soggiorno scaduti.

_____

_____

6. Non è più necessario lasciare una caparra al padrone di casa.

_____

_____

7. Pietro dice di non sapere dove sia il contatore (*meter*) del gas.

_____

_____

8. I pazienti sono tornati a casa e adesso stanno bene.

_____

_____

L **Impressionante!** Completa le seguenti frasi usando il participio presente dei verbi forniti secondo il senso delle frasi.

assistere	militare	coprire	passare
cantare	governare	aiutare	mandare

1. Prima di diventare famoso, Michelangelo faceva l' _____ nella bottega del Ghirlandaio?

2. Quel giovane è impegnato nella politica italiana: è un _____ che partecipa a tutte le manifestazioni.

3. Ora che sono un professore famoso, ho un _____ che insegna al mio posto le classi più elementari.

4. Ci sono macchie su questo muro. Abbiamo bisogno di una vernice (*paint*) _____ per eliminarle prima di traslocare.

5. Vorrebbe lavorare nel mondo dello spettacolo come attore o come _____.

6. Quella signora ha una _____ che l'aiuta con le faccende domestiche e con i bambini.

7. Hanno arrestato chi ha commesso l'omicidio, ma non chi l'ha ordinato, la persona che in Italia si

chiama _____.

8. Il _____ è una persona che cammina per strada.

Ⓜ Emigrare. Inserisci i participi passati dei verbi nella seguente lettera di Danuta. Attenzione all'accordo!

Cara Marzia,

Oggi mi sono _____ (1. recarsi) al Consolato Italiano a Bucarest per ottenere il permesso di

lavoro temporaneo. Purtroppo la mia domanda non è _____ (2. arrivare) in tempo e quindi

dovrò aspettare il mese prossimo per poter venire a Roma. Nonostante abbia _____ (3. ottenere)

il permesso di ricongiungermi alla mia famiglia, preferisco aspettare ed avere la possibilità di lavorare immediatamente.

Dopo aver _____ (4. spendere) tanti soldi per l'avvocato ed essere _____

(5. essere) in molte agenzie di collocamento, ho finalmente _____ (6. scoprire) che sono

necessarie anche due lettere di cittadini italiani che garantiscano per me.

Ti ho già _____ (7. spedire) il modulo che dovresti compilare ed ho anche

_____ (8. fare) una fotocopia di tutti i miei documenti.

Ti dispiacerebbe farmi questo favore? La lettera deve arrivare entro il 23 marzo e, se tutto andrà come previsto, per la fine

di aprile sarò in Italia.

Grazie di tutto e a presto.

Danuta

N Comunicando. Nel capitolo sono state presentate alcune espressioni idiomatiche. Quale ti ha incuriosito o ti ha divertito di più? C'è un'espressione idiomatica nella tua lingua che ritieni di difficile traduzione? Spiegane il significato e prova a renderla in italiano.

Esempio di frasi idiomatiche italiane:

sfiorare il cielo con le dita, portare i pantaloni, avere cura di sè, groppo in gola, tentare la carta sentimentale, ecc.

_____

_____

_____

_____

_____

_____

_____

_____

_____

_____

_____

Lab Manual

CAPITOLO 1

Italamerica?

I suoni *ca, co, cu, che, chi, ce, ci*. La consonante *c* può essere pronunciata in due modi differenti. Quando la lettera *c* appare prima delle vocali *a*, *o* ed *u* e prima di un'*h*, si pronuncia come la *c* di *cat*. Prima di *e* ed *i*, si pronuncia invece come il *ch* di *church*.

CD 1
Track 2

A **Il suono della *c*.** Ascolta, ripeti e scrivi le parole che senti.

CD 1
Track 3

1. _____   8. _____

2. _____   9. _____

3. _____   10. _____

4. _____   11. _____

5. _____   12. _____

6. _____   13. _____

7. _____   14. _____

B **Ancora il suono della *c*.** Ascolta, ripeti e completa le seguenti frasi con le parole mancanti.

CD 1
Track 4

1. Il _____ italiano è molto _____.

2. L' _____ è un segno di _____ o di contaminazione?

3. _____ negozi sono aperti la _____.

4. La _____ usa comunemente messaggi _____.

5. In Italia ci sono più chiese che _____.

6. La _____ è il _____ della casa.

C **Italiano-inglese.** Ascolta attentamente queste parole. Per ognuna di loro, scrivi la parola inglese che può essere usata in italiano per sostituirla. Includi il corretto articolo definito.

CD 1
Track 5

1. _____   5. _____

2. _____   6. _____

3. _____   7. _____

4. _____   8. _____

D Cinema che passione. Due amiche discutono di cinema internazionale e italiano. Leggi le affermazioni qui sotto e poi ascolta la conversazione. Durante l'ascolto, segnala se si tratta di affermazioni vere o false.

	Vero	Falso
1. Comincia il festival di Venezia.	❑	❑
2. È un buon momento per il cinema italiano.	❑	❑
3. Recentemente Teresa non ha visto buoni film.	❑	❑
4. Giovanni preferisce guardare i film al cinema.	❑	❑
5. Paolo Rondella è un regista che presenta lo stereotipo degli italiani.	❑	❑
6. Per Giovanni non c'è niente da salvare nel cinema italiano.	❑	❑

E L'annuncio pubblicitario. Leggi il seguente annuncio pubblicitario e dopo ascolta alcune affermazioni, controllando se sono vere o false o se le informazioni non sono fornite.

Che sogno andare in giro con le ali sotto i piedi!

Sintesi perfetta di tecnologia e azione, Pluto 180cc è lo scooter del futuro. Più sicuro e potente dei concorrenti, affronta la strada con grazia e economia. Il design moderno permette di dominare con stile e potenza ogni situazione. In città, in campagna e per lunghi viaggi Pluto è un mezzo giovane e veloce.

Con meno di €4.000 potrai iniziare una nuova ed entusiasmante avventura. Prendi Pluto e andiamo in vacanza!

	Vero	Falso	Dato non fornito
1.	❑	❑	❑
2.	❑	❑	❑
3.	❑	❑	❑
4.	❑	❑	❑
5.	❑	❑	❑
6.	❑	❑	❑

F La mia nuova famiglia. Ascolta il brano e decidi come completare le affermazioni seguenti usando il comparativo di uguaglianza (**così... come**), maggioranza (**più... di / più... che**) o minoranza (**meno... di / meno... che**). Prima di scrivere le frasi, ascolta l'intera descrizione e inserisci negli spazi più piccoli i segni **+** (maggioranza), **−** (minoranza) o **=** (uguaglianza), in base al tipo di comparativo che pensi di usare.

ESEMPIO

_____ = _____ (La mamma / avere / capelli / riccio / strega)

La mamma ha capelli (così) ricci come una strega.

1. _____ (Roberta / essere / alto / Ettore)

---

2. _____ (Ettore / fare l'avvocato / papà)

_____

3. _____ (Giulietta / correre / treno)

_____

4. _____ (Giulietta / giovane / Sebastiano)

_____

5. _____ (Sebastiano / essere / alto / Giulietta)

_____

6. _____ (Tommaso / avere / coraggio / paura)

_____

7. _____ (Tommaso / essere / furbo / volpe)

_____

8. _____ (La nonna / essere / giovane / Gina Lollobrigida)

_____

G Il migliore di... Ascolta le frasi e poi riscrivile usando le forme irregolari **maggiore**, **minore**, **peggiore**, **migliore**. Ascolta ogni frase due volte.

CD 1
Track 9

ESEMPIO

Genova è il più grande porto del nord Italia.
Genova è il maggiore porto del nord Italia.

1. _____

2. _____

3. _____

4. _____

5. _____

6. _____

🔊 **H Niente di più vero in Italia.** Ascolta e riscrivi le frasi, usando il superlativo assoluto regolare o irregolare, seguendo
CD 1
Track 10 il modello fornito dall'esempio. Ascolta ogni frase due volte.

ESEMPIO

I musei italiani sono molto interessanti.
Sono interessantissimi.

1. _____

2. _____

3. _____

4. _____

5. _____

6. _____

7. _____

8. _____

🔊 **I Il sogno americano.** Ascolta Marco mentre parla degli Stati Uniti e dell'Italia. Poi segnala quali delle seguenti
CD 1
Track 11 affermazioni sono, secondo la sua opinione, relative ad un paese e quali all'altro.

	Stati Uniti	Italia
1. Ci sono grandissime città.	❏	❏
2. C'è il cibo migliore.	❏	❏
3. Le macchine sono più grandi.	❏	❏
4. La benzina è carissima.	❏	❏
5. È più facile vedere un concerto dei Red Hot Chili Peppers.	❏	❏
6. C'è meno possibilità di vedere opere artistiche.	❏	❏
7. Ci sono i musei più belli.	❏	❏

CAPITOLO 2

Mito o realtà?

🔊 **Il suono della d.** Il suono della **d** è molto simile al suono della pronuncia in inglese. Però viene pronunciato in modo
CD 1
Track 12 più delicato.

🔊 **A Il suono della d.** Ascolta, ripeti e scrivi le parole che senti.
CD 1
Track 13

1. _____ 8. _____

2. _____ 9. _____

3. _____ 10. _____

4. _____ 11. _____

5. _____ 12. _____

6. _____ 13. _____

7. _____ 14. _____

🔊 **B Ancora il suono della d.** Ascolta, ripeti e completa le seguenti frasi con le parole mancanti.
CD 1
Track 14

1. L'edizione _____ ha _____ due milioni di copie.

2. La _____ comprano sempre due _____.

3. Mi ha _____ che lo ha _____ ieri.

4. Hanno _____ licenziare il vice _____.

5. Abbiamo _____ il vostro _____ Internet.

6. _____ l'emergenza la _____ ha lavorato 24 ore.

🔊 **C L'intrusa.** Ascolta sei gruppi di parole e scrivi quale parola per ogni gruppo c'entra meno con le altre.
CD 1
Track 15

1. _____ 4. _____

2. _____ 5. _____

3. _____ 6. _____

🔊 **D Due giornalisti.** Ascolta i due brevi dialoghi tra Lucia e Diego e verifica se le affermazioni fornite sono vere o false.

CD 1
Track 16 **DIALOGO 1:**

	Vero	Falso
1. Diego lavora al *Corriere della Sera*.	❑	❑
2. Hanno pubblicato un suo articolo nella pagina dello sport.	❑	❑
3. Diego ora preferisce scrivere nella pagina letteraria.	❑	❑

DIALOGO 2:

	Vero	Falso
1. Lucia ha scritto sulle elezioni.	❑	❑
2. Lucia lavora sempre sola.	❑	❑
3. Diego vuole intervistare Lucia.	❑	❑

🔊 **E Edicola e giornali.** Ascolta alcune frasi al passato prossimo e scrivi l'infinito del verbo.

CD 1
Track 17

1. _____

2. _____

3. _____

4. _____

5. _____

6. _____

🔊 **F Prima la risposta.** Ascolta le risposte un po' arrabbiate a un'intervista fatta a un famoso personaggio sportivo. Poi
CD 1
Track 18 scrivi le domande che credi che gli siano state fatte, usando l'imperfetto. Usa il **Lei** formale per formulare le domande.
Ascolta ogni frase due volte.

ESEMPIO

Non sono mai uscito con la contessa Mori!
È vero che usciva con la contessa Mori?

1. _____

2. _____

3. _____

4. _____

5. _____

6. _____

G **Internet café.** Stefania arriva ad un nuovo Internet café con il suo amico Giorgio che le parla dei suoi amici che ora stanno usando tutti i computer del posto. Ascolta le spiegazioni date da Giorgio e, per ognuna delle persone, scrivi almeno tre caratteristiche usando frasi complete. Prendi appunti mentre ascolti.

CD 1
Track 19

```
┌────────────────────────────────────────────────────────┐
│                      Appunti:                          │
│                                                        │
│                                                        │
│                                                        │
│                                                        │
│                                                        │
└────────────────────────────────────────────────────────┘
```

ALBERTO

1. _____

2. _____

3. _____

MARTA

1. _____

2. _____

3. _____

VINCENZO

1. _____

2. _____

3. _____

TANIA

1. _____

2. _____

3. _____

H Il telegiornale. Ascolta i titoli del telegiornale e segnala se le frasi indicate qui sotto sono vere, false o se le informazioni non sono fornite, secondo quello che senti.

	Vero	Falso	Dato non fornito
1. Il Ministro parla della disoccupazione in America.	❏	❏	❏
2. Gravi incidenti stradali durante le vacanze di Natale.	❏	❏	❏
3. I Verdi denunciano le gravi condizioni delle acque italiane.	❏	❏	❏
4. È stata fatta una nuova scoperta nel mondo della medicina.	❏	❏	❏
5. L'Italia è campione del mondo di pallavolo.	❏	❏	❏
6. La Ferrari vince il campionato del mondo per la sesta volta.	❏	❏	❏
7. Nella cronaca rosa si parla di un'attrice italiana.	❏	❏	❏
8. Sole su tutta l'Italia.	❏	❏	❏

I Oggi e ieri? Ascolta le cose che Marcella farà oggi perché non le aveva fatte ieri. Dopo aver ascoltato la frase, scrivi che cosa non aveva fatto il giorno prima.

ESEMPIO

Oggi mangio la pizza.
Ieri non ha mangiato la pizza.

1. _____
2. _____
3. _____
4. _____
5. _____
6. _____
7. _____
8. _____

J Una storia disonesta. Prima di ascoltare una notizia alla radio, guarda le azioni scritte qui sotto e prova a numerarle in ordine logico da **1** a **6** nella colonna che dice **Tu**. Poi ascoltala e scrivi l'ordine di come l'azione è stata raccontata dal giornalista.

	Tu	La giornalista
1. Scegliere della frutta	_____	_____
2. Andare a fare la spesa	_____	_____
3. Essere assalita (*assaulted*) da un ladro (*thief*)	_____	_____
4. Andare in banca	_____	_____
5. Preparare il pranzo per il marito	_____	_____
6. Cadere	_____	_____

CAPITOLO 3

Terra di vitelloni e casalinghe?

CD 1 Track 23

Il suono *gli*. Il suono *gli* è probabilmente una delle pronunce più difficili della lingua italiana. Assomiglia al suono della *lli* nella parola *million*. Per pronunciarla correttamente prova ad appoggiare la parte anteriore della lingua in posizione piatta contro il palato.

CD 1 Track 24

A Il suono *gli*. Ascolta, ripeti e scrivi le parole che senti.

1. _____
2. _____
3. _____
4. _____
5. _____
6. _____
7. _____

8. _____
9. _____
10. _____
11. _____
12. _____
13. _____
14. _____

CD 1 Track 25

B Ancora il suono *gli*. Ascolta alcune parole e scrivile facendo attenzione a quelle che hanno il suono *gli* e quelle che non l'hanno.

1. _____
2. _____
3. _____
4. _____
5. _____

6. _____
7. _____
8. _____
9. _____
10. _____

CD 1 Track 26

C Quella giusta! Ascolta sei gruppi di parole e scrivi quella giusta per completare le seguenti frasi.

1. Non mi piace _____ i piatti.

2. Voglio una casa moderna con tutti gli _____.

Capitolo 3 Terra di vitelloni e casalinghe? 139

3. Lucia e Marco non vanno proprio d'accordo: continuano a _____.

4. Voglio lavorare in un ufficio: non voglio essere una _____.

5. Lei è bravissima: si prende _____ di tutti quelli che hanno bisogno di aiuto.

6. Non sono sposati e per la legge loro sono una _____?

D Una coppia che scoppia (explodes). Leggi le affermazioni qui sotto e poi ascolta il dialogo tra Mirella e Andrea. Verifica se le affermazioni fornite sono vere o false.

	Vero	**Falso**
1. Andrea e Mirella sono una coppia felice.	❑	❑
2. Mirella non sa dove sono le scarpe di Andrea.	❑	❑
3. Mirella fa la cameriera.	❑	❑
4. Andrea è disordinato.	❑	❑
5. Mirella crede che Andrea possa migliorare.	❑	❑
6. Mirella lascia Andrea.	❑	❑

E Progetti di luna di miele. Ascolta il dialogo tra Monica e Saverio e rispondi alle domande qui sotto, utilizzando quando possibile le preposizioni semplici o articolate.

1. Dove vuole andare Monica in luna di miele?

_____

2. Con chi è andato a Portorico Saverio?

_____

3. Dove vuole andare Saverio?

_____

4. Saverio, da quanto tempo conosce il suo amico di Cagliari?

_____

5. Cosa devono fare presto, secondo Monica?

_____

6. Fra quanto tempo si sposeranno?

_____

7. Dove tiene il numero di telefono dell'amico di Cagliari?

_____

8. Dov'è l'agenda con i numeri di telefono?

_____

F **Più facile.** Ascolta queste frasi e poi semplificale e riscrivile utilizzando una preposizione e, quando necessario, l'articolo al posto delle parole indicate.

> **ESEMPIO**
>
> Sono partiti nel mese di giugno. (nel mese di)
> *Sono partiti in giugno.*

1. (circa) _____

2. (che dobbiamo) _____

3. (insieme al) _____

4. (una delle) _____

5. (a proposito di) _____

6. (quando avevano) _____

G **A domanda, rispondo.** Ascolta queste brevi descrizioni e poi rispondi alle domande qui sotto.

1. Da dove viene Michela?

_____

2. Per dove partono Giorgio e Luciana?

_____

3. Su quale giornale legge le notizie Michele?

_____

4. Da quanti anni sono sposati?

_____

5. Da chi non gli piace mangiare?

_____

6. Con chi viaggia sempre?

_____

H **Una scrittrice partigiana.** Ascolta la breve biografia di Renata Viganò e poi verifica se le informazioni offerte qui sotto sono vere, false oppure non fornite.

	Vero	Falso	Dato non fornito
1. Renata Viganò ha completato i suoi studi.	❑	❑	❑
2. Pubblica le prime poesie prima dei quindici anni.	❑	❑	❑
3. *Il lume spento* non è una raccolta di poesie.	❑	❑	❑
4. Si sposa durante la Seconda Guerra Mondiale.	❑	❑	❑
5. *L'Agnese va a morire* parla della Resistenza.	❑	❑	❑
6. Non ha mai scritto per giornali.	❑	❑	❑

Capitolo 3 Terra di vitelloni e casalinghe? 141

I **Una storia disordinata.** Leggi le seguenti frasi e poi ascolta quello che Graziella ha fatto ieri mattina. Riordina da 1 a 8 le sue azioni nell'ordine in cui sono avvenute.

1. Ha fatto il bucato. _____

2. Ha preparato la colazione. _____

3. Ha stirato i vestiti del marito. _____

4. È andata a fare la spesa. _____

5. Ha baciato suo marito. _____

6. Ha bevuto un tè con la sua amica Lucia. _____

7. Ha visto un film. _____

8. Si è lavata i capelli. _____

J **Che cosa era già successo?** Ascolta il passaggio e scrivi, usando il trapassato, i traguardi (*milestones*) che il giornalista Beppe Ricordi aveva già raggiunto, secondo la sua mamma, negli anni qui indicati. Mentre ascolti la prima volta, prendi appunti.

ESEMPIO

Nel 1964 _____

Nel 1964 *aveva già detto la prima parola.*

Appunti:

---

1. Nel 1970 _____

2. Nel 1976 _____

3. Nel 1986 _____

4. Nel 1991 _____

5. Nel 1993 _____

6. Nel 2002 _____

CAPITOLO 4

O sole mio?

🔊 **Il suono della combinazione di g e n.** Il suono della combinazione *g* e *n* in italiano viene pronunciato come la *ny*
CD 2
Track 2 di *canyon*.

🔊 **A Il suono della combinazione di g e n.** Ascolta, ripeti e scrivi le parole che senti.
CD 2
Track 3

1. _____   8. _____

2. _____   9. _____

3. _____   10. _____

4. _____   11. _____

5. _____   12. _____

6. _____   13. _____

7. _____   14. _____

🔊 **B Ancora il suono della combinazione g e n.** Scrivi le parole che senti facendo attenzione al suono di *n* ed ai
CD 2
Track 4 suoni delle combinazioni di *g* e *n* e della doppia *n*.

1. _____   6. _____

2. _____   7. _____

3. _____   8. _____

4. _____   9. _____

5. _____   10. _____

🔊 **C Quale delle tre?** Ascolta alcune frasi e scegli tra le parole suggerite qui sotto quella che meglio corrisponde alla
CD 2
Track 5 situazione.

1. fischiare, applaudire, comporre   4. palcoscenico, stadio, camerino

2. essere stonato, avere orecchio, essere intonato   5. complesso, disco, ritmo

3. suono, copertina, testo   6. avere orecchio, fischiare, essere in tournée

D Il mondo della musica. Ascolta tre brevi dialoghi e verifica quale delle tre affermazioni fornite è quella esatta.

CD 2
Track 6

DIALOGO 1:

_____ a. Il concerto è stato cancellato.

_____ b. I biglietti sono finiti.

_____ c. I due uomini vanno al concerto.

DIALOGO 2:

_____ a. La donna è la cantante del gruppo.

_____ b. Matteo non è il batterista.

_____ c. La donna non sa suonare la batteria.

DIALOGO 3:

_____ a. Ascoltano una canzone di Nek.

_____ b. Ascoltano una canzone di Jovanotti.

_____ c. Ascoltano una canzone di Liza Minnelli.

E I fan dei cantanti famosi. Ascolta il dialogo tra due ragazzi, uno fan di Jovanotti, l'altro di Ligabue, e completa lo schema qui sotto con le informazioni richieste.

CD 2
Track 7

	Jovanotti	Ligabue
Città di nascita		
Genere musicale		
Primo disco		
Canzone più bella		

◀))
CD 2
Track 8

F **Intervista musicale.** Rispondi alle domande usando i pronomi oggetto diretto, oggetto indiretto e doppi.

1. Sì, _____

2. No, _____

3. Sì, _____

4. No, _____

5. No, _____

6. Sì, _____

◀))
CD 2
Track 9

G **Saranno famosi?** Ascolta il dialogo tra Nicoletta e Luciano e rispondi alle seguenti domande usando i pronomi oggetto diretto, indiretto e doppi.

1. Luciano ha avuto la parte?

_____

2. Ha ballato il merengue per avere la parte?

_____

3. Luciano ha detto a Nicoletta il titolo della poesia di Neruda?

_____

4. La poesia di Neruda è un segreto di Luciano?

_____

5. Nicoletta canta canzoni italiane?

_____

6. Nicoletta è superstiziosa?

_____

◀))
CD 2
Track 10

H **Fare e non fare.** Ascolta alcuni ordini negativi e riscrivili in forma affermativa.

ESEMPIO

Non fumare!
Fuma!

1. _____

2. _____

3. _____

4. _____

5. _____

6. _____

🔊
CD 2
Track 11

ⓘ Al concerto. Ascolta sei brevi dialoghi e scrivi se il comando che senti è formale o informale.

	Formale	**Informale**
1.	❏	❏
2.	❏	❏
3.	❏	❏
4.	❏	❏
5.	❏	❏
6.	❏	❏

🔊
CD 2
Track 12

ⓙ Qui comando io! Ascolta le lamentele di diverse persone e per ognuna ordina loro di fare quello per cui si lamentano. Per le prime tre lamentele, usa l'imperativo informale mentre per le ultime tre, usa quello formale. Utilizza sempre i pronomi oggetto diretto, indiretto e doppi.

ESEMPIO

Non voglio chiamare Carmela.

Chiamala!

1. _____
2. _____
3. _____
4. _____
5. _____
6. _____

CAPITOLO 5

Pizza, pasta e cappuccino?

I suoni *ga, go, gu, ghe, ghi, ge, gi*. La consonante *g* può essere pronunciata in due modi differenti. Quando la lettera *g* appare prima delle vocali *a, o* ed *u* e prima di un'*h*, si pronuncia come la *g* di *gold*. Prima di *e* ed *i*, si pronuncia invece come la *j* di *jam*.

A Il suono della *g*. Ascolta, ripeti e scrivi le parole che senti.

1. _____ 8. _____

2. _____ 9. _____

3. _____ 10. _____

4. _____ 11. _____

5. _____ 12. _____

6. _____ 13. _____

7. _____ 14. _____

B Ancora il suono della *g*. Ascolta, ripeti e completa le seguenti frasi con le parole mancanti.

1. Non dimenticare di _____ i _____: sono deliziosi.

2. Se non _____ neanche le uova, è _____.

3. Ho voglia di un panino con prosciutto, _____ e maionese.

4. In Italia non mettono mai abbastanza _____ nelle bibite.

5. Tu _____ il vino; io compro il _____.

6. Non riesco a _____ l'acqua _____.

C Quale delle tre? Ascolta le frasi e scegli tra le parole suggerite qui sotto quella che meglio corrisponde alla situazione.

CD 2
Track 16

1. cucina, enoteca, paninoteca

2. essere a dieta, essere pieno, essere vegetariano

3. primo piatto, secondo piatto, contorno

4. vitello, additivi, dolcificante

5. antipasto, aperitivo, salsa

6. spuntino, bollito, spiedino

D Ad ognuno il suo menu. Ascolta tre menu offerti da tre locali, ognuno con le proprie specialità. Visto che resti solo un giorno in questa città decidi di mangiare qualcosa in tutti e tre. Da Aldo scegli tra gli antipasti, alla trattoria del Grillo tra i primi, mentre il secondo e il dolce lo prendi da Quinto. Scrivi qui sotto le tue possibili scelte.

CD 2
Track 17

**CD 2
Track 18**

E Le ricette in TV. Il famoso chef Censi, nel suo programma televisivo, presenta ricette facili per chi non è molto bravo in cucina. Ascolta questa nuova ricetta e scrivi le indicazioni per poterla poi preparare.

Nome del piatto	1. _____
Ingredienti	2. _____ 3. _____ due spicchi d'aglio 4. _____ 5. _____ 6. _____ e pepe
Preparazione	Tagliare _____ (7). Metterli _____ (8). Aggiungere l'aglio _____ (9) e tutti gli altri ingredienti. Lasciare riposare _____ (10) in frigorifero.
Presentazione	Mettere il preparato sul pane _____ (11) e poi servire.

**CD 2
Track 19**

F I problemi di un giovane chef. Davide ha appena cominciato a lavorare in un ristorante ma non gli riesce bene niente. Leggi le domande qui sotto e poi ascolta la telefonata di Davide alla sua ragazza. Rispondi alle domande usando la particella **ci**.

1. Davide ha lavorato a Pescara?

_____

2. È riuscito a fare la pasta per i tortelli ieri?

_____

3. Perché non può vedere bene quando lavora?

_____

4. Normalmente quanto tempo ci vuole per preparare i dolci?

_____

(continued)

Capitolo 5 Pizza, pasta e cappuccino? 149

5. Perché i camerieri ce l'hanno con lui?

_____

6. Cos'è che Davide non riesce proprio a fare?

_____

G Una dieta miracolosa? Ascolta le affermazioni ed in base a quelle, rispondi alle domande usando la particella **ne**.

CD 2
Track 20

1. Quanti ne avevamo quando ha iniziato la dieta?

_____

2. Quanto pane può mangiare al giorno?

_____

3. Quanta frutta e verdura può mangiare?

_____

4. Quante carote ha mangiato due giorni fa?

_____

5. Ha molte ricette per cucinare le verdure?

_____

6. Quanti chili ha già perso?

_____

H Le regole ed i fatti di casa Frattini. Ascolta la Signora Frattini spiegare le regole di comportamento di casa

CD 2
Track 21

sua ad un amico di suo figlio che è con loro in vacanza. Dopo averla ascoltata, rispondi alle domande qui sotto usando i pronomi doppi, **ci** o **ne**.

1. C'è della birra nel frigorifero di casa Frattini?

_____

2. Servono vino ai minori di ventun'anni?

_____

3. Parcheggiano sempre la macchina in garage?

_____

4. Hanno mai avuto problemi in casa?

_____

5. Quando la Signora Frattini cucina, chi può entrare in cucina?

_____

6. Permette a qualcuno di usare brutte parole?

_____

150 *Ponti* **Lab Manual**

🔊 **ⓘ Che gusti differenti!** Massimo e Barbara si sono incontrati e si sono innamorati subito. Ora però vogliono
CD 2 conoscersi un po' meglio e parlano dei loro gusti presenti e passati. Ascolta il dialogo e poi inserisci nello schema le
Track 22 preferenze di uno e dell'altra.

	Massimo	**Barbara**
1. Da bambino/a gli/le piaceva		
2. Quello che amavano da bambini ora gli/le piace		
3. Gli/Le è piaciuto il film		
4. Gli/Le piace		

🔊 **ⓙ Un po' di depressione!** Ascolta i pensieri di Giorgia e trascrivi qui sotto quelli in cui utilizza i verbi indicati. Fa'
CD 2 attenzione al cambio di pronome oggetto indiretto.
Track 23

ESEMPIO

Oggi non mi è piaciuto il caffè in ufficio. (piacere)

Oggi non le è piaciuto il caffè in ufficio.

1. (bastare) _____

2. (succedere) _____

3. (mancare) _____

4. (piacere) _____

5. (restare) _____

6. (occorrere) _____

CAPITOLO 6

Tarantella, malocchio e... ?

Il suono delle combinazioni *qu, cu* e *cqu*. Normalmente con le due lettere *qu* in italiano si riproduce il suono *kw*.
CD 2
Track 24
Usiamo la *c* invece della *q*, però, con alcune parole, tra cui ***cuore, cuoio*** e ***cuocere***. Le lettere *cq* sono usate in luogo di *q* quando il suono *kw* è preceduto dalla lettera *a*. Tra le eccezioni sono le parole ***aquila*** e ***aquilone***.

CD 2
Track 25
Ⓐ Il suono delle combinazioni *qu, cu* e *cqu*. Ascolta, ripeti e scrivi le parole che senti.

1. _____   8. _____

2. _____   9. _____

3. _____   10. _____

4. _____   11. _____

5. _____   12. _____

6. _____   13. _____

7. _____   14. _____

CD 2
Track 26
Ⓑ Ancora il suono delle combinazioni *qu, cu* e *cqu*. Scrivi le parole che senti facendo attenzione alle lettere *cu, qu* e *cqu*.

1. _____   6. _____

2. _____   7. _____

3. _____   8. _____

4. _____   9. _____

5. _____   10. _____

C Quella giusta! Ascolta sei gruppi di parole e scrivi quella giusta per completare le seguenti frasi.

1. Quando vedo qualcosa che porta sfortuna, io _____.

2. Per Natale io e la mia famiglia mangiamo sempre _____.

3. Quella _____ mi ha letto il futuro per cinque euro.

4. I bambini amano andare al _____.

5. Le uova di _____ sono fatte con il cioccolato.

6. A Capodanno in Italia si fanno i _____.

D Le feste. Ognuno ha le sue feste preferite! Ascolta due brevi dialoghi e scopri quali sono le feste preferite di Anna e Roberto. Sotto il nome delle feste, scrivi almeno tre delle parole che ti hanno permesso di scoprire di quale festa parlassero.

La festa di Anna: _____	*La festa di Roberto:* _____
1. _____	1. _____
2. _____	2. _____
3. _____	3. _____

E La chiromante. Ascolta l'annuncio di una chiromante e indica quali delle frasi scritte qui sotto corrispondono a quello da lei pubblicizzato.

1. Riceve tutte le mattine ☐

2. Specializzata in amore e soldi ☐

3. Pratica magia nera ☐

4. Toglie il malocchio ☐

5. Legge le carte ☐

6. Crea amuleti ☐

7. Prepara filtri d'amore (*love potions*) ☐

8. Organizza sedute spiritiche (*séances*) ☐

F Le favole. Ascolta le frasi e scrivi l'infinito dei verbi al passato remoto presenti in esse.

1. _____   5. _____

2. _____   6. _____

3. _____   7. _____

4. _____   8. _____

G Un po' di storia italiana? Un professore di storia parla alla classe di alcuni dei principali avvenimenti italiani di cui si parlerà nel suo corso. Dopo aver letto le frasi qui sotto, ascoltalo e verifica se le informazioni fornite sono vere, false o se il professore non ne parla affatto.

CD 2
Track 31

	Vero	Falso	Dato non fornito
1. Garibaldi incontrò il re d'Italia a Teano.	❏	❏	❏
2. All'inizio del ventesimo secolo la fame e la povertà spinsero molti italiani ad emigrare all'estero.	❏	❏	❏
3. Durante la Prima guerra mondiale molte donne cominciarono a lavorare nelle fabbriche.	❏	❏	❏
4. L'Italia non fu tra le nazioni vincitrici della Prima guerra mondiale.	❏	❏	❏
5. Molti scienziati che odiavano il fascismo emigrarono in altri paesi.	❏	❏	❏
6. La caduta di Mussolini accese le speranze di molti italiani.	❏	❏	❏
7. La lotta partigiana contribuì alla liberazione dell'Italia dai nazi-fascisti.	❏	❏	❏
8. La Seconda guerra mondiale terminò il 25 maggio 1945.	❏	❏	❏

H Prima o dopo? Ascolta delle frasi e specifica quale delle due azioni avviene prima dell'altra, scrivendo i numeri **1** e **2** negli spazi corrispondenti.

CD 2
Track 32

1. _____ festeggiare   _____ vincere il Palio

2. _____ finire il vino   _____ mangiare il dolce

3. _____ riconoscerla   _____ sposare Biancaneve

4. _____ dire una bugia   _____ allungarsi il naso

5. _____ salutare   _____ partire

6. _____ lavorare   _____ tornare a casa

I Un giornalista distratto. Ascolta la descrizione di una festa patronale fatta da un cronista televisivo. Paragonala poi al disegno alle pagine 156–157, correggendo gli errori del giornalista. Scrivi quello che dice il giornalista e quello che invece è rappresentato nel disegno. Usa, per le tue correzioni, i pronomi indefiniti.

CD 2
Track 33

ESEMPIO

GIORNALISTA: Durante la processione tutte le donne portavano vestiti neri.

TU: *Solo alcune portavano vestiti neri.*

	Il giornalista	Tu
Le donne alla processione		
Gli uomini alla processione		
I bambini a mezzogiorno		

	Il giornalista	Tu
Alle cinque		
La sera gli adulti		
La sera i bambini		

J Una favola moderna. Ascolta la favola e poi metti in ordine le azioni scritte qui sotto in base a quello che hai ascoltato, usando i numeri dall'**1** all'**8**.

1. Bussare alla porta   _____

2. Servire un cliente   _____

3. Girarsi   _____

4. Abitare in un quartiere poverissimo   _____

5. Fare ritorno a casa   _____

6. Chiedere se era libera quella sera   _____

7. Accorgersi di avere un anello al dito   _____

8. Vedere che il cliente non c'era più   _____

CAPITOLO 7

Italia on-line?

CD 3
Track 2
Il suono della combinazione di s e c. Quando seguite dalle vocali *o*, *a* ed *u* o da una consonante, le lettere *sc* ricalcano le lettere *sk* dell'inglese. Quando seguite dalle vocali *i* ed *e*, invece, la pronuncia è simile allo *shi* e allo *she* dell'inglese.

CD 3
Track 3
A Il suono della combinazione di s e c. Ascolta, ripeti e scrivi le parole che senti.

1. _____   8. _____
2. _____   9. _____
3. _____   10. _____
4. _____   11. _____
5. _____   12. _____
6. _____   13. _____
7. _____   14. _____

CD 3
Track 4
B Ancora il suono della combinazione di s e c. Ascolta, ripeti e completa le seguenti frasi con le parole mancanti.

1. La _____ e lo _____ sono animali _____

   in Antartide.

2. Ho _____ il nuovo programma sul _____.

3. Le televisioni a _____ gigante sono molto popolari in Italia.

4. Le _____ _____ migliorano la vita di tutti.

5. Sono _____ dagli _____ successi della mia squadra.

6. _____ non significa usare lo _____!

C Quella giusta! Ascolta sei gruppi di parole e scrivi quella giusta per completare le seguenti frasi.

1. Ho messo tutte le mie canzoni preferite su un _____.

2. _____ su quell'icona si apre il mio sito Web.

3. Il mio professore ha creato un _____ su Internet per la nostra classe.

4. Oggi l' _____ è insegnata in moltissime scuole.

5. Le _____ sono un sistema interessante per conoscere nuove persone.

6. Quel ragazzo continua a mandarmi _____ con il suo cellulare.

D Il mondo dei videogiochi. Ogni anno, nuovi e più sofisticati giochi elettronici arrivano sia nelle sale giochi sia nelle case degli italiani. Ascolta il dialogo tra Silvia e Piero e scrivi le loro preferenze in fatto di videogiochi.

	Silvia	Piero
1. Genere di gioco preferito		
2. Gioco preferito ora		
3. Gioco preferito da bambino/a		

E Computer in offerta speciale. Ascolta quest'annuncio pubblicitario e controlla se le cose promesse sono tra quelle che vedi scritte qui sotto. Scrivi una **V** nello spazio vuoto se le frasi qui sotto e l'annuncio corrispondono, una **F** se non c'è corrispondenza.

1. È un'offerta per un computer da tavolo. _____

2. Costa solamente 700 euro. _____

3. Inclusa nel prezzo c'è una stampante in bianco e nero. _____

4. Lo scanner costa 200 euro. _____

5. L'offerta è valida solamente fino alla fine dell'anno. _____

6. L'azienda non ha un sito Web. _____

7. Il loro numero verde è 800–808800. _____

8. È possibile pagare in contanti. _____

F Una cosa oggi, una domani. Ascolta le frasi e riscrivile, trasformandole al futuro utilizzando le parole inserite tra parentesi.

CD 3
Track 8

> **ESEMPIO**
>
> Oggi compro un computer. (una stampante)
> *Domani comprerò una stampante.*

1. (la stampante) _____

2. (ai tuoi amici) _____

3. (il programma antivirus) _____

4. (lo scanner) _____

5. (per comprarlo) _____

6. (costruire una pagina Web) _____

G Mille cose da fare! Laura ha delle cose da fare, ma prima ne deve fare altre. Ascolta quello che vuole fare prima e poi completa le seguenti frasi usando il futuro anteriore.

CD 3
Track 9

> **ESEMPIO**
>
> Pulirò la camera non appena _____. (Prima mando un email a Gino.)
> Pulirò la camera non appena *avrò mandato un email a Gino.*

1. Guarderò la TV quando _____

2. Farò il letto dopo che _____

3. Leggerò i documenti che mi hai mandato non appena _____

4. Andremo a ballare dopo che _____

5. Potrete mandare la vostra immagine non appena _____

6. Passerò da voi dopo che _____

H Che maleducato! (*How rude!*) Questo ragazzo non sa proprio come parlare! Ascolta le sue richieste e riscrivile, usando il condizionale per esprimerle in maniera un po' più educata.

CD 3
Track 10

> **ESEMPIO**
>
> Mamma, lasciami comprare quel videogioco!
> *Mamma, mi lasceresti comprare quel videogioco?*

1. _____

2. _____

3. _____

4. _____

5. _____

6. _____

❶ Gli errori si pagano. Guarda le vignette e poi ascolta i problemi che hanno avuto queste persone. Aiutandoti con le immagini, scrivi quello che avrebbero dovuto fare per evitarli.

CD 3
Track 11

1. _____

2. _____

3. _____

4. _____

5. _____

6. _____

J Relativo… a chi? Ascolta le seguenti frasi e poi scegli, tra le possibilità offerte, a chi si riferiscono i pronomi relativi usati.

CD 3
Track 12

1. ❏ la moglie   ❏ Carlo

2. ❏ si è rotta   ❏ la stampante di Maria

3. ❏ il virus   ❏ Mariella

4. ❏ Emilio   ❏ la sua ragazza

5. ❏ i libri   ❏ Marco

6. ❏ computer   ❏ il videogioco

K Una novità per tutti. Quattro amici sono andati al Salone della Tecnologia e ognuno di loro ha trovato qualcosa che vorrebbe avere. Ascolta il dialogo e quindi verifica se le informazioni fornite sono vere o false.

CD 3
Track 13

	Vero	Falso
1. Gianluca si è annoiato al Salone della Tecnologia.	❏	❏
2. Erika pensa che il videogioco non sia troppo costoso.	❏	❏
3. Domenico (il secondo uomo) non vuole comprare niente.	❏	❏
4. Domenico vorrebbe giocare al videogioco con Erika.	❏	❏
5. Tiziana vorrebbe una macchina ad energia solare.	❏	❏
6. Gianluca vuole un robot da cucina per il suo ristorante.	❏	❏

CAPITOLO 8

Fratelli d'Italia?

🔊 CD 3 Track 14 **Il suono delle lettere s e z.** Spesso risulta difficile distinguere i suoni prodotti da queste due lettere. La *s* tra due vocali ha un suono duro che ricorda la *z* come in ***riposo***; in tutti gli altri casi, anche quando doppia tra due vocali, il suono è morbido, come in ***risposta*** o ***ripasso***. Anche per la pronuncia della *z*, bisogna fare attenzione: a volte il suono è ***dz*** come in ***zanzara***, altre è ***ts*** come in ***zio***.

🔊 CD 3 Track 15 **A** **Il suono delle lettere s e z.** Ascolta, ripeti e scrivi le parole che senti.

1. _____
2. _____
3. _____
4. _____
5. _____
6. _____
7. _____

8. _____
9. _____
10. _____
11. _____
12. _____
13. _____
14. _____

🔊 CD 3 Track 16 **B** **Ancora il suono delle lettere s e z.** Ascolta, ripeti e completa le seguenti frasi con le parole mancanti.

1. Le bombolette _____ contribuiscono all'effetto _____.

2. L' _____ porta alla _____.

3. In quella _____ d' _____ ci sono molti immigrati

_____.

4. Molte _____ di volontari sopravvivono grazie alla _____.

5. Gli _____ _____ i diritti degli animali.

6. Creare _____ per i _____ dovrebbe

_____ il primo impegno dello _____.

◁)) **C Quella giusta!** Ascolta sei gruppi di parole e scrivi quella giusta per completare le seguenti frasi.

CD 3
Track 17
1. È importante _____ nelle associazioni di volontariato.

2. Nelle carceri si lavora con i _____.

3. Penso che vorrei lavorare in un _____ perché amo gli animali.

4. In Italia bisogna costruire molte strutture per facilitare l'accesso agli edifici ai _____.

5. Voglio _____ un bambino!

6. Dall'anno scorso mi sono impegnato con un'associazione che aiuta i cani _____.

◁)) **D Diversi modi di riciclare.** Per proteggere il mondo da noi stessi, possiamo fare piccole cose che ci aiuteranno a

CD 3
Track 18
non peggiorare una situazione già grave. Dopo aver letto le domande qui sotto, ascolta un messaggio degli ambientalisti italiani e poi rispondi alle domande.

1. Cosa si bisognerebbe riciclare?

_____

2. Di che colore sono i cassonetti (*receptacles, bins*) per la raccolta del vetro?

_____

3. E quelli per la raccolta della plastica?

_____

4. Cosa non dobbiamo usare per non danneggiare la fascia dell'ozono?

_____

5. Cosa ancora è importante non buttare via con gli altri rifiuti?

_____

6. Chi proteggiamo, proteggendo il mondo?

_____

◁)) **E Promesse senza promettere nulla.** Dopo aver letto le seguenti frasi, ascolta le promesse di quest'uomo politico

CD 3
Track 19
italiano e controlla se sono tra quelle che vedi scritte qui sotto. Scrivi una **V** nello spazio vuoto se le frasi qui sotto e l'annuncio corrispondono, una **F** se non c'è corrispondenza.

1. Si impegnerà soprattutto in campo sociale. _____

2. Vuole creare nuovi centri d'accoglienza. _____

3. Le sue iniziative sono soprattutto per i giovani. _____

4. Vuole aiutare i senzatetto. _____

5. Pensa solo agli uomini e non agli animali. _____

6. Vuole che la gente usi meno l'automobile. _____

7. L'inquinamento non lo preoccupa. _____

8. Offrirà biciclette gratuite a chi le vorrà usare. _____

166 *Ponti* **Lab Manual**

🔊 **F Eh, no!** Ascolta alcune frasi e riscrivile, trasformandole al congiuntivo secondo il modello offerto dall'esempio.

CD 3
Track 20

ESEMPIO

I politici fanno molto per i senzatetto.

Eh, no! Io penso che non facciano molto per i senzatetto.

1. _____

2. _____

3. _____

4. _____

5. _____

6. _____

🔊 **G Come va il mondo.** Ascolta questo dialogo tra Maurizio e Lucia e poi inserisci nella tabella quello che ciascuno

CD 3
Track 21
di loro ritiene probabile, impossibile o difficile, usando sempre la forma corretta del congiuntivo preceduto da **che** o dell'infinito.

	Per Lucia	Per Maurizio
È probabile		
È impossibile		
È difficile		

🔊 **H Pensieri sull'adozione.** Ascolta alcune frasi e poi trascrivile qui sotto, facendo attenzione a tutti i cambiamenti

CD 3
Track 22
necessari per ognuna delle situazioni proposte.

ESEMPIO

I bambini hanno bisogno di molte attenzioni!

Marco credeva *che i bambini avessero bisogno di molte attenzioni.*

Lucia e Mariella pensano *che i bambini abbiano bisogno di molte attenzioni.*

1. Io credevo _____

   Lui ritiene _____

2. È importante _____

   Noi temevamo _____

3. Sono felici _____

   I loro genitori ritengono _____

4. Vorrei _____

   Mia moglie dubita _____

Capitolo 8 Fratelli d'Italia? 167

5. Avevo paura _____

   Peccato _____

6. Credevano _____

   Mio marito insiste _____

I I sogni dei ragazzi di oggi. Quattro giovani intervistati rispondono in modo differente a quello che farebbero se potessero avere a disposizione 25.000 euro da donare ad un'associazione di volontariato. Ascolta quello che dicono e inserisci negli spazi corretti gli elementi necessari per completare le frasi.

CD 3 Track 23

Con 25.000 euro, Melissa

Con 25.000 euro, Beniamino

Con 25.000 euro, Gino

Con 25.000 euro, Diana

© Cengage Learning 2013

Beniamino   Melissa   Diana   Gino

J Lo farà o non lo farà? Ascolta le affermazioni e poi riscrivile qui sotto utilizzando gli elementi dati seguendo il modello offerto nell'esempio.

CD 3 Track 24

ESEMPIO

    Aiutavo quei cani anche se mi costava molta fatica. (malgrado)

    Aiutavo quei cani malgrado mi costasse molta fatica.

1. (a meno che non) _____

2. (purché) _____

3. (sebbene) _____

4. (a condizione che) _____

5. (nonostante) _____

6. (benché) _____

CAPITOLO 9

Tutti in passerella?

CD 3
Track 25 **Le consonanti doppie.** A volte si hanno problemi a riconoscere se una parola debba essere scritta con una consonante semplice oppure doppia. Fa' attenzione alla pronuncia: quando una parola ha bisogno di una consonante doppia, sembra che ci sia una piccola sospensione su di essa. Vedi per esempio **sette** e **sete** per renderti conto della differenza.

CD 3
Track 26 **A Le doppie.** Ascolta, ripeti e scrivi le parole che senti. Attenzione! Non tutte le parole hanno bisogno di una doppia consonante.

1. _____   8. _____

2. _____   9. _____

3. _____   10. _____

4. _____   11. _____

5. _____   12. _____

6. _____   13. _____

7. _____   14. _____

CD 3
Track 27 **B Ancora le doppie.** Ascolta le seguenti parole e scrivi quelle che hanno una doppia consonante.

1. _____

2. _____

3. _____

4. _____

5. _____

6. _____

C Quella giusta! Ascolta sei gruppi di parole e scrivi quella giusta per completare le seguenti frasi.

1. All'opera, quando vado con mia moglie, metto sempre il mio _____.

2. Le modelle fanno centinaia di _____ all'anno.

3. Mi faccio fare un completo da un _____ famoso.

4. C'erano i _____ e ho potuto comprare questa giacca di Armani per soli 100 euro.

5. Sono un animalista e non compro vestiti di _____.

6. Odio la _____! Io uso solo le bretelle.

D Prepararsi per una festa. Giorgio e Gina devono prepararsi per una festa e lo fanno con molta attenzione. Le loro madri, al telefono, si raccontano tutti i preparativi dei figli prendendoli un po' in giro. Ascoltale e poi indica almeno tre cose che Giorgio e Gina hanno fatto per essere perfetti per questa festa.

Giorgio	Gina
1. _____	1. _____
_____	_____
2. _____	2. _____
_____	_____
3. _____	3. _____
_____	_____

E La moda autunno-inverno. Ascolta le interviste a questo stilista e scopri come sarà la moda per la prossima stagione autunno-inverno. Indica con una crocetta le cose che corrispondono a quello che dice l'intervistato tra quelle elencate qui sotto.

1. La moda preferirà colori neutri. ☐

2. Giallo, rosso e colori pastello saranno i colori preferiti. ☐

3. La donna preferirà minigonne e cappotti di velluto. ☐

4. La lana sarà il materiale preferito in questa stagione. ☐

5. Le sciarpe lunghe saranno di moda per uomini e donne. ☐

6. La donna preferirà le cinture alte. ☐

7. Gli stivali torneranno di moda. ☐

8. Il mocassino sarà la scarpa dell'uomo alla moda. ☐

F Stagioni e vestiti. Ascolta queste differenti situazioni e, in base a quelle, scegli quattro diversi tipi d'abbigliamento completo che indosseresti in base al tempo o alla stagione, usando la costruzione ipotetica seguendo il modello dell'esempio.

ESEMPIO

Piove e devo andare in ufficio.

Se piovesse e dovessi andare in ufficio, metterei un completo, una camicia con cravatta, un impermeabile e gli stivali.

1. _____

2. _____

3. _____

4. _____

G Ipotesi incomplete. Ascolta le affermazioni e poi inseriscile qui sotto per completare ogni frase in maniera logica. Prima di ascoltare, leggi le seguenti frasi incomplete.

1. Se i vestiti firmati fossero meno cari, _____

2. Se quel vestito non ti va bene, _____

3. Se loro comprassero quella giacca di pelle, _____

4. Se mi fossi fatta un tatuaggio, _____

5. Se noi lo avessimo saputo, _____

6. Se sei allergico alla lana, _____

H Roberto: un po' fa, un po' si fa fare. Ascolta la descrizione che Roberto fa della sua giornata lavorativa. Poi inserisci nella corretta casella almeno tre delle cose che fa e tre di quelle che si fa fare e da chi. Utilizza una frase completa e, nel secondo caso, la costruzione **fare** + *infinito*.

Quello che lui fa	Quello che si fa fare

◀)) **I Me li sono fatti fare.** Ascolta le frasi e poi trascrivile qui sotto, facendo attenzione a tutti i cambiamenti necessari
CD 3
Track 34 per ognuna delle situazioni proposte seguendo il modello.

ESEMPIO

Ho fatto ricamare la gonna dalla sarta.
Paolo pensa _____
Paolo pensa *che io gliel'abbia fatta ricamare.*

1. Loro credevano _____

2. Lei vorrebbe _____

3. Noi insistiamo _____

4. Vorrei _____

5. Avevo paura _____

6. Credete _____

◀)) **J Papà severi, mamme liberali.** Ascolta questi genitori e scopri cosa permettono e cosa non permettono ai loro
CD 3
Track 35 figli. Poi descrivi quello che dicono utilizzando il verbo **lasciare** + *infinito*.

1. _____
2. _____
3. _____
4. _____
5. _____
6. _____

◀)) **K Uno scontro generazionale.** Ascolta la mamma di Piera e Clelia che dice loro quello che non possono fare. Poi
CD 3
Track 36 scrivi la reazione di Piera, di Clelia o delle due ai divieti della mamma secondo il modello.

ESEMPIO

Piera, non puoi certo metterti quella minigonna: è troppo corta!
Per favore, mamma, lasciamela mettere!

1. _____
2. _____
3. _____
4. _____
5. _____
6. _____

CAPITOLO 10

Fortunato al gioco, sfortunato in amore?

🔊
CD 4
Track 2

Dittonghi e trittonghi. Quando si trovano due o tre vocali non separate da una o più consonanti all'interno di una stessa parola, si corre il rischio di dimenticarne qualcuna al momento della scrittura. Sarà sufficiente ricordare che ogni singola lettera viene pronunciata e che ascoltando con attenzione sarà impossibile sbagliare.

🔊
CD 4
Track 3

A Dittonghi e trittonghi. Ascolta, ripeti e scrivi le parole che senti.

1. _____   8. _____

2. _____   9. _____

3. _____   10. _____

4. _____   11. _____

5. _____   12. _____

6. _____   13. _____

7. _____   14. _____

B Ancora dittonghi e trittonghi. Ascolta le seguenti parole e indica quelle che sono scritte correttamente. Per le altre, scrivi a fianco di esse la grafia corretta.

CD 4
Track 4

1. _____ punteggo _____

2. _____ cuori _____

3. _____ aiola _____

4. _____ idiare _____

5. _____ raggiungere _____

6. _____ antorario _____

7. _____ segnialino _____

8. _____ giusto _____

C Quella giusta! Ascolta sei gruppi di parole e scrivi quella giusta per completare le seguenti frasi.

CD 4
Track 5

1. Se ho cinque numeri sulla stessa fila, faccio _____.

2. Non vado mai a Las Vegas perché non mi piace giocare _____.

3. Ci sono quaranta carte in un _____ di carte tradizionali.

4. Quando gioco a Trivial, uso sempre il _____ rosso.

5. Non ho sentito l'ultimo numero _____ e ho perso la tombola.

6. Nelle carte da poker ci sono quattro _____.

D Cronaca di una partita. Paola e Filippo hanno passato la serata giocando a Trivial con alterne fortune. Dopo aver letto le domande, ascolta il dialogo e in base a quello rispondi.

CD 4
Track 6

1. È la prima volta che Paola vince a Trivial?

_____

2. Qual è la sua materia preferita?

_____

3. Secondo Filippo, a quali domande Paola non saprebbe rispondere?

_____

4. Secondo Paola, perché Filippo non vince?

_____

5. Cosa si deve fare per vincere a Trivial?

_____

6. A quale domanda di sport ha risposto Paola?

_____

🔊 **E** **Grande rugby anche in Italia.** Ascolta alcune informazioni su uno degli sport emergenti in Italia e poi indica tra
CD 4
Track 7 le affermazioni qui sotto quali sono vere e quali false.

	Vero	Falso
1. Per giocare a rugby si devono avere quindici giocatori per squadra.	❏	❏
2. Il rugby si gioca con una palla ovale.	❏	❏
3 Nel rugby si può toccare la palla solo con le mani.	❏	❏
4 Nel rugby ci sono due tempi di quaranta minuti.	❏	❏
5. L'Italia non è tra le migliori squadre d'Europa.	❏	❏
6. L'Italia partecipa al Sei Nazioni, il campionato di Rugby più importante d'Europa.	❏	❏
7. Anche il Galles e l'Irlanda vi partecipano.	❏	❏
8. Il premio per chi vince il Sei Nazioni è il Cucchiaio di legno.	❏	❏

🔊 **F** **Giochi diversi.** Ascolta le descrizioni di questi giochi e per ognuno di loro scrivi almeno due delle regole o
CD 4
Track 8 caratteristiche che li contraddistinguono.

Scarabeo	Risiko	Pictionary

🔊 **G** **Da chi?** Scrivi le frasi che senti e poi riscrivile utilizzando la forma passiva.
CD 4
Track 9

1. _____

_____

2. _____

_____

3. _____

_____

4. _____

_____

5. _____

_____

6. _____

_____

7. _____

_____

8. _____

_____

🔊 **H Opinioni contro.** Giancarlo a volte inventa delle regole a suo vantaggio perché vuole sempre vincere. Ascolta quello
CD 4
Track 10 che dice e poi rispondigli usando **andare** + *participio*. Segui il modello e mantieni il tempo della frase di Giancarlo.

ESEMPIO

Giochiamo a briscola senza assi. (con gli assi)
Eh no, la briscola va giocata con gli assi.

1. (in due o in quattro) _____

2. (tutte e sei) _____

3. (un numero alla volta) _____

4. (almeno tre volte) _____

5. (di una sola casella) _____

6. (solo un minuto) _____

🔊 **I Geografia… confusionaria.** Ascolta le frasi e correggi le affermazioni di questo giornalista un po' sbadato come
CD 4
Track 11 se foste stati insieme a fare queste cose, secondo il modello.

ESEMPIO

Abbiamo fotografato giraffe ed elefanti in un safari in Europa. (Africa)
Ma no! Si sono fotografati in un safari in Africa.

1. (Stati Uniti) _____

2. (Italia) _____

3. (Ungheria) _____

4. (Francia) _____

5. (Brasile) _____

6. (Australia) _____

🔊 **J Da uno, tutti.** Ascolta alcune frasi e poi trasformale utilizzando il *si* impersonale o il *si* passivante.
CD 4
Track 12
1. _____

2. _____

3. _____

4. _____

5. _____

6. _____

CAPITOLO 11

Chi li ha visti?

🔊 **Accenti.** Sapere dove cade l'accento di una parola è quello che ci permette di pronunciarla correttamente. Nella maggior
CD 4 parte dei casi, in italiano, l'accento cade sulla penultima sillaba, ma ci sono parole con accento sull'ultima, sulla terzultima
Track 13 ed anche sulla quartultima sillaba.

🔊 **A Accenti.** Ascolta, ripeti e scrivi le parole che senti. Poi, tra parentesi, inserisci una **P** se credi che l'accento cada sulla
CD 4 penultima sillaba, una **X** in tutti gli altri casi.
Track 14

1. _____ ( )   8. _____ ( )

2. _____ ( )   9. _____ ( )

3. _____ ( )   10. _____ ( )

4. _____ ( )   11. _____ ( )

5. _____ ( )   12. _____ ( )

6. _____ ( )   13. _____ ( )

7. _____ ( )   14. _____ ( )

🔊 **B Ancora accenti.** Ascolta le seguenti parole e indica quelle che hanno un accento sulla penultima sillaba.
CD 4
Track 15
1. _____ sottotitoli   5. _____ sceneggiatura

2. _____ scena   6. _____ varietà

3. _____ regista   7. _____ azione

4. _____ editore   8. _____ celebrità

🔊 **C Quella giusta!** Ascolta sei gruppi di parole e scrivi quella giusta per completare le seguenti frasi.
CD 4
Track 16
1. Quella _____ ha un numero incredibile di film stranieri.

2. Non amo i film _____, perché non credo agli UFO.

3. Ho comprato questi nuovi film nella _____ in via dei Re.

4. Questo film uscirà in Italia in settembre, ma io ho avuto i biglietti per l' _____

che è domani.

5. Ho comprato la _____ sonora di *Jesus Christ Superstar*: ci sono davvero

splendide canzoni!

6. Il numero 1 originale di *Dylan Dog* costa 1.000 euro, ma se compri la _____

te ne bastano solamente 2,20.

🔊 **D Perché e come la amo!** Sandra è una vera appassionata di *Legs Weaver* e ha deciso di spiegarci le ragioni del suo
CD 4
Track 17 amore per questo fumetto. Dopo aver letto le domande, ascolta quello che dice e poi rispondi.

1. Perché Sandra è agitata quando si avvicina la fine del mese?

_____

2. Chi è l'editore che pubblica *Legs Weaver*?

_____

3. A quali altri fumetti molto popolari è stata affiancata *Legs*?

_____

4. In cosa *Legs* è diversa dagli altri fumetti qui menzionati?

_____

5. Com'è *Legs* secondo Sandra?

_____

6. Come si sente Sandra dopo aver letto una delle avventure di *Legs*?

_____

🔊 **E Trame.** Ascolta la descrizione di questi tre film e completa la tabella qui sotto con le informazioni richieste.
CD 4
Track 18

	Mediterraneo	*Pane e tulipani*	*Radiofreccia*
Regista			
Ambientazione			
Trama			

🔊 **F Non tutte le ciambelle riescono con il buco.** Dopo il successo de *La vita è bella*, Benigni ha proposto un film
CD 4
Track 19 che non è certo stato all'altezza della situazione. Ascolta questa notizia radiofonica e poi indica tra quelle qui sotto quali
sono le affermazioni vere e quali quelle false.

	Vero	Falso
1. *La vita è bella* è uscito nel 2002.	❏	❏
2. Il film *Pinocchio* non ha avuto successo.	❏	❏
3. Il film però ha avuto molti riconoscimenti.	❏	❏
4. Il film ha ricevuto quattro candidature per la «Pernacchia d'oro».	❏	❏
5. La «Pernacchia d'oro» è un premio che nessuno vorrebbe.	❏	❏
6. Viene assegnato alle peggiori produzioni.	❏	❏
7. Benigni è il primo attore famoso a ricevere questo premio.	❏	❏
8. Madonna e Stallone sono quelli con il maggior numero di «Pernacchie d'oro» vinte.	❏	❏

🔊 **G Si comincia dalla gavetta.** Nicola vuole lavorare con una compagnia teatrale e per entrare in questo mondo
CD 4
Track 20 difficile ha dovuto cominciare dai lavori meno importanti. Ascolta quello che gli hanno chiesto di fare e quello che gli
hanno detto e poi riscrivilo in forma diretta.

1. Il costumista gli ha detto: _____

_____

2. Il truccatore gli ha chiesto: _____

_____

3. La star dello spettacolo gli ha ordinato: _____

_____

4. Lo sceneggiatore gli ha chiesto: _____

_____

5. Il regista gli ha promesso: _____

_____

6. La sua ragazza gli ha detto: _____

_____

◀))) **H Che litigata! (*What a fight!*)** L'attrice e il regista di questo film hanno opinioni molto diverse. Tu hai la possibilità
CD 4
Track 21 di ascoltare la loro litigata da dietro la porta! Cosa si sono detti? Trasforma tutto dal discorso diretto a quello indiretto, completando gli spazi della tabella qui sotto.

L'attrice	Il regista
1. Ha urlato che _____ _____ _____	4. Ha urlato che _____ _____ _____
2. Ha urlato che _____ _____ _____	5. Ha urlato che _____ _____ _____
3. Ha urlato che _____ _____ _____	6. Ha urlato che _____ _____ _____

◀))) **I Passioni diverse.** Scrivi quello che dicono i quattro personaggi e poi trasforma quello che hanno detto nella forma
CD 4
Track 22 indiretta.

1. Giulia dice _____

_____

Giulia ha detto _____

_____

2. Margherita dice _____

_____

Margherita ha detto _____

_____

3. Beppe dice _____

_____

Beppe ha detto _____

_____

4. Ottavio dice _____

_____

Ottavio ha detto _____

_____

J Che cosa ti ha chiesto? Il produttore di un film ti sta facendo un'intervista telefonica per sapere se sarai tu l'attore del suo nuovo film. I tuoi amici sono intorno a te curiosi di sapere e dopo la telefonata tu devi dire loro quello che ti ha chiesto. Ascolta le seguenti domande e poi riformulale in forma indiretta facendole precedere da «Mi ha chiesto…»

CD 4
Track 23

1. _____

_____

2. _____

_____

3. _____

_____

4. _____

_____

5. _____

_____

6. _____

_____

7. _____

_____

8. _____

_____

K I nuovi attori italo-americani? Barbara sta studiando cinema e va dal suo professore per avere qualche informazioni sui giovani attori italo-americani. Ascolta la conversazione e poi rispondi alle domande.

CD 4
Track 24

1. Chi sono gli attori italo-americani che non interessano a Barbara?

   _____

2. Chi è l'attore italo-americano famoso che piace al professore?

   _____

3. Qual è il film di questo attore che Barbara non ha visto?

   _____

4. Chi sono gli altri due attori?

   _____

5. A quali film hanno partecipato? (Scrivine almeno due.)

   _____

6. A quali programmi televisivi hanno partecipato? (Scrivine almeno due.)

   _____

CAPITOLO 12

Italiani si diventa?

🔊 CD 4 Track 25 **Semplicemente… tutto.** Cosa succede quando rivediamo i suoni che più spesso ci mettono in difficoltà senza però sapere a quali si debba fare più o meno attenzione?

🔊 CD 4 Track 26 **Ⓐ Di tutto un po'.** Ascolta, ripeti e scrivi le parole che senti.

1. _____
2. _____
3. _____
4. _____
5. _____
6. _____
7. _____

8. _____
9. _____
10. _____
11. _____
12. _____
13. _____
14. _____

🔊 CD 4 Track 27 **Ⓑ E ancora un po'.** Ascolta sei gruppi di parole e scrivi quella giusta per completare le seguenti frasi.

1. Ho comprato i biglietti a quello _____ là.

2. Non sono guarito perché il medico aveva sbagliato la _____.

3. Ti hanno mandato i soldi con un _____ postale.

4. Preferisco affittare quel _____ perché ho bisogno di più spazio.

5. Prima di uscire, dovete lasciare una _____. Altrimenti potrei affittare la casa ad

   altre persone.

6. Alla fine del mese, devo sempre pagare _____, luce, gas e telefono.

◀))
CD 4
Track 28
C **L'intrusa.** Ascolta alcuni gruppi di parole e segnala quale parola per ogni gruppo c'entra meno con le altre.

1. _____

2. _____

3. _____

4. _____

5. _____

6. _____

◀))
CD 4
Track 29
D **Maledette poste!** Ad Angelo non è davvero andata bene all'ufficio postale. Dopo aver letto le domande, ascolta quello che racconta e poi rispondi.

1. Come si sentiva oggi Angelo e perché?

_____

2. Cosa sembra impossibile poter trovare alle Poste?

_____

3. Per quale ragione oggi Angelo è andato alle Poste?

_____

4. Cosa non sapeva la persona dietro lo sportello?

_____

5. Che cosa non sapeva Angelo?

_____

6. Che cosa ha rischiato Angelo per spedire una semplice lettera?

_____

🔊
CD 4
Track 30
E **Il curriculum di Massimo.** Ascolta quello che dice di sé Massimo e aiutalo a completare il suo curriculum vitae.

	Curriculum Vitae Massimo Bentivoglio Via Casa Bianca 42 25070 MURA (BS)
Educazione	**2008** Laurea presso _____ _____ (1) **2003** Diploma di Maturità Scientifica _____ (2) presso il liceo Scientifico «Pastori» di Gravio.
Lavoro	**Luglio – settembre 2005** _____ (3) presso la ditta «Stiv», Vestone, Brescia.
Lingue	_____ (4). Tedesco solo commerciale.
Conoscenze informatiche	Office, Word, Java, HTML e _____ (5) pagine Web.
Hobbies	Leggere libri _____ (6), _____ (7) e fare fotografie in _____ (8).

🔊 **F Sciopero!** A causa di uno sciopero generale, ci saranno gravi difficoltà per chi vuole viaggiare. Ascolta questa notizia
CD 4
Track 31 radiofonica e poi indica tra quelle qui sotto quali sono le affermazioni vere e quali quelle false.

	Vero	Falso
1. Gli scioperi cominceranno domani.	❏	❏
2. Lo sciopero è contro la manovra fiscale del governo.	❏	❏
3. Lunedì ci saranno problemi con treni ed aerei.	❏	❏
4. Non ci saranno problemi per chi vuole muoversi con gli autobus martedì.	❏	❏
5. Martedì gli autobus sciopereranno solo quattro ore.	❏	❏
6. Giovedì si potrà solo andare in taxi.	❏	❏
7. Venerdì non ci sarà sciopero.	❏	❏
8. In stazione sabato si potranno solamente comprare biglietti per il giorno dopo.	❏	❏

🔊 **G Per trovare un lavoro.** È possibile fare molte cose per trovare un lavoro. Scrivi quello che hanno fatto questi
CD 4
Track 32 ragazzi e ragazze, usando l'infinito passato e dove possibile i pronomi, secondo il modello.

ESEMPIO

Sono andata a fare il colloquio e poi ho aspettato la risposta.
Dopo averlo fatto, l'ha aspettata.

1. _____
2. _____
3. _____
4. _____
5. _____
6. _____

🔊 **H Integrazione a piccoli e difficili passi.** Ascolta alcune frasi e poi riscrivile usando il participio passato e dove
CD 4
Track 33 possibile i pronomi, secondo il modello.

ESEMPIO

Dopo aver visto molte persone che dormivano per strada, è entrato in un'associazione che aiuta i senzatetto.
Vistele, ci è entrato.

1. _____
2. _____
3. _____
4. _____
5. _____
6. _____

 **I** **Ma no!** Correggi la descrizione che senti relativa ai diversi personaggi delle vignette, usando il gerundio passato e dove possibile i pronomi, secondo il modello.

CD 4
Track 34

Enrico

Lorenzo

Sonia

Guido

Simonetta

Simona

ESEMPIO

Ha giocato al Lotto e non ha vinto niente.

Ma no! Avendoci giocato, ha vinto un milione.

1. _____

2. _____

3. _____

4. _____

5. _____

J Domande e risposte. Rispondi alle domande a tuo piacere, utilizzando però due volte l'infinito (presente o passato), due volte il participio passato e due volte il gerundio (presente o passato).

Vorresti vivere in Italia?

Potendo parlare bene l'italiano, ne sarei felice.

o *Dopo aver studiato l'italiano per due anni, lo farei.*

o *Vista la mia conoscenza dell'italiano, avrei delle difficoltà.*

1. _____

2. _____

3. _____

4. _____

5. _____

6. _____

K Le cose più difficili. Dominic è alla fine della sua esperienza di studio in Italia e racconta quali sono state per lui le cose più difficili a cui abituarsi. Ascolta il suo racconto e poi rispondi alle domande.

1. Da quanto tempo Dominic è in Italia?

_____

2. Cosa voleva più di ogni altra cosa appena arrivato in Italia?

_____

3. Qual è stata per lui la cosa più difficile a cui abituarsi? Perché?

_____

4. Dove ha incontrato Caterina?

_____

5. Come è cambiata la sua vita dopo aver incontrato Caterina?

_____

6. Cosa faceva Dominic con i suoi amici italiani?

_____

© 2013 Cengage Learning. All Rights Reserved. May not be scanned, copied or duplicated, or posted to a publicly accessible website, in whole or in part.

Video Manual

CAPITOLO 1

Italamerica?

▷ **Comprensione A.** Guarda il video clip e decidi se le seguenti affermazioni sono vere, false o se il dato non è fornito.

	Vero	Falso	Dato non fornito
1. Paolo lavora molto in questo periodo.	_____	_____	_____
2. Naomi è una studentessa di chimica.	_____	_____	_____
3. Naomi è una studentessa italiana.	_____	_____	_____
4. Paolo suggerisce del fast food americano.	_____	_____	_____
5. Non c'è un fast food vicino alla stazione.	_____	_____	_____
6. Naomi preferisce mangiare un panino.	_____	_____	_____

Comprensione B. Scegli la risposta corretta in base a quello che hai visto e sentito nel video.

1. Naomi vuole mangiare qualcosa di _____.

   a. veloce   b. dietetico

2. Naomi _____ alle due.

   a. deve lavorare   b. ha una classe

3. Paolo suggerisce una pizzeria o _____.

   a. un ristorante   b. una paninoteca

4. Naomi decide per una pizza _____.

   a. vegetariana   b. al taglio

5. La pizza e _____ possono essere considerati il fast food italiano.

   a. il gelato   b. l'espresso

CAPITOLO 2

Mito o realtà?

▷ **Comprensione A.** Guarda il video clip e scegli la risposta appropriata.

1. Quale giornale voleva leggere Marco?

   a. *La Gazzetta dello Sport*   b. *Solocalcio*

2. Perché non ha potuto leggere il suo giornale preferito?

   a. Perché il giornale non è uscito.   b. Perché Paola non è andata all'edicola.

3. Cosa mancherà a Marco?

   a. Gli mancherà il cappuccino.   b. Gli mancheranno le notizie del campionato di calcio.

4. Come passa Marco le sue domeniche?

   a. Marco passa le sue domeniche   b. Marco passa le sue domeniche
   a guardare le partite e ad   a leggere *La Gazzetta*
   ascoltare telecronache.   *dello Sport.*

5. Per Marco, com'è un lunedì senza il suo quotidiano sportivo?

   a. È un piacere.   b. È una delusione.

Comprensione B. Decidi se le seguenti affermazioni sono vere o false in base a quello che hai visto e sentito nel video.

	Vero	Falso
1. C'è stato lo sciopero dei giocatori di calcio.	_____	_____
2. Marco è deluso perché non può guardare la partita di calcio.	_____	_____
3. Marco leggerebbe le interviste e guarderebbe le foto del campionato di calcio.	_____	_____
4. Paola non può capire perché Marco è così deluso.	_____	_____
5. Marco non ha visto le partite del giorno precedente.	_____	_____

Terra di vitelloni e casalinghe?

▷ **Comprensione A.** Guarda il video clip e decidi se le seguenti affermazioni sono vere, false o se il dato non è fornito.

	Vero	Falso	Dato non fornito
1. Cesare e Giulia sono sposati.	_____	_____	_____
2. I genitori di Giulia sono all'antica.	_____	_____	_____
3. Possono invitare solo dieci amici al matrimonio.	_____	_____	_____
4. Giulia e Cesare si sposeranno in chiesa.	_____	_____	_____
5. Giulia pensa che ci potrebbero essere problemi prima del matrimonio.	_____	_____	_____
6. Cesare pensava che fosse più semplice sposarsi.	_____	_____	_____

Comprensione B. Scegli la risposta corretta in base a quello che hai visto e sentito nel video.

1. Cesare vuole invitare più _____.

   a. amici   b. parenti

2. I genitori di Giulia sono _____.

   a. aperti   b. tradizionali

3. Giulia e Cesare devono lasciare fuori alcuni _____.

   a. parenti   b. amici

4. Giulia pensa che Cesare sia troppo _____.

   a. pessimista   b. ottimista

5. È possibile che qualcuno dimentichi _____.

   a. gli anelli   b. i fiori

CAPITOLO 4

O sole mio?

▷ **Comprensione A.** Guarda il video clip e decidi se le seguenti affermazioni sono vere, false o se il dato non è fornito.

	Vero	**Falso**	**Dato non fornito**
1. Il concerto è andato male.	_____	_____	_____
2. C'erano ottantamila persone.	_____	_____	_____
3. Ligabue ha un pubblico composto soprattutto da adulti.	_____	_____	_____
4. Secondo Francesco, i testi delle canzoni di Ligabue sono la parte più importante.	_____	_____	_____
5. Ligabue lavora solo nel campo della musica.	_____	_____	_____
6. Stefania non vuole guardare la videocassetta di *Radiofreccia*.	_____	_____	_____

Comprensione B. Scegli la risposta corretta in base a quello che hai visto e sentito nel video.

1. Quando ci sono 80.000 persone che _____ insieme, tutto diventa magico.

   a. cantano   b. ballano

2. «Certe notti» è una canzone _____ da concerto.

   a. perfetta   b. sbagliata

3. Francesco dice che quando tutto il pubblico canta insieme, gli viene _____.

   a. da piangere   b. la pelle d'oca

4. I suoi testi parlano dei _____ della generazione di Francesco.

   a. sogni   b. progetti

5. Secondo Francesco, Ligabue è un _____ strabravo.

   a. cantante   b. regista

CAPITOLO 5

Pizza, pasta e cappuccino?

▷ **Comprensione A.** Guarda il video clip e decidi se le seguenti affermazioni sono vere, false o se il dato non è fornito.

	Vero	Falso	Dato non fornito
1. I signori Minardi hanno una prenotazione alle otto.	_____	_____	_____
2. Il tavolo è vicino alla cucina.	_____	_____	_____
3. I signori Minardi bevono vino bianco come aperitivo.	_____	_____	_____
4. Susanna non mangia mai carne.	_____	_____	_____
5. Susanna non vuole mangiare un secondo.	_____	_____	_____
6. Alberto e Susanna ordinano solo acqua naturale.	_____	_____	_____

Comprensione B. Scegli la risposta corretta in base a quello che hai visto e sentito nel video.

1. I signori hanno _____ alle 8.00.

   a. una prenotazione   b. una riserva

2. In questo ristorante c'è una grande scelta di _____.

   a. carne alla griglia   b. pesce

3. A Susanna piacerebbe assaggiare _____.

   a. la grigliata mista   b. i gamberoni

4. Invece di un secondo piatto, Susanna prende _____.

   a. un antipasto   b. il risotto

5. Ordinano una bottiglia d'acqua _____.

   a. naturale   b. frizzante

CAPITOLO 6

Tarantella, malocchio e... ?

▷ **Comprensione A.** Guarda il video clip e scegli la risposta appropriata.

1. Quando fu vescovo della città di Milano Sant'Ambrogio?

   a. durante l'impero romano

   b. durante il Rinascimento

2. Come venne negli Stati Uniti per la prima volta il professore?

   a. in aereo

   b. in nave

3. Che cosa fu un buon segno in quel primo viaggio negli Stati Uniti, secondo il professore?

   a. il nome della nave in cui il professore arrivò negli Stati Uniti

   b. il nome del rimorchiatore (*tugboat*) che accompagnava la nave

4. Che cosa viene festeggiato a Milano il 7 dicembre?

   a. l'anniversario dell'inaugurazione del Papa

   b. il Santo Patrono di Milano

5. Qual è l'aspetto più importante della fiera secondo il professore?

   a. il cibo

   b. le bancarelle

6. Che cosa sono i «firon»?

   a. le caldarroste (*roasted chestnuts*)

   b. una specie di dolce

Comprensione B. Scegli la risposta corretta in base a quello che hai visto e sentito nel video.

1. Il Santo patrono di Milano è _____.

   a. Giannotto

   b. Ambrogio

2. Durante la festa di «oh bej oh bej» è comune _____.

   a. dare regali ai parenti

   b. vendere articoli dalle bancarelle

Capitolo 6 Tarantella, malocchio e... ? 201

3. A Milano a dicembre il tempo è _____.

   a. bello, soleggiato   b. brutto, nebbioso

4. I «firon», la mostarda e il bollito sono specialità _____.

   a. sostanziose   b. leggere

5. In quale città c'è più nebbia, secondo il professore?

   a. Londra e Milano sono uguali per quanto   b. A Londra c'è più nebbia che a Milano.
      riguarda la nebbia.

CAPITOLO 7

Italia on-line?

▷ **Comprensione A.** Guarda il video clip e scegli la risposta appropriata.

1. Cosa vuole comprare Lucia?

   a. un computer   b. una stampante

2. Perché Lucia non ha bisogno di un portatile?

   a. Perché lavora in ufficio.   b. Perché lavora a casa.

3. Che lavoro fa Lucia?

   a. grafico pubblicitario   b. giornalista

4. Perché la commessa consiglia un Macintosh?

   a. I Mac sono migliori   b. I Mac sono meno costosi.
        per la grafica.

5. Al massimo, quanto può spendere Lucia?

   a. 700 euro   b. 1.000 euro

6. Quanto costa la stampante?

   a. 700 euro   b. 0 euro

Comprensione B. Scegli la risposta corretta in base a quello che hai visto e sentito nel video.

1. Lucia vuole comprare un computer ma è _____.

   a. indecisa   b. imprecisa

2. Lucia non pensa di avere bisogno di un computer _____.

   a. da tavola   b. portatile

3. Quando si tratta di _____, secondo il commesso, i Mac sono insuperabili.

   a. scrittura   b. grafica

4. La stampante gratis è _____.

   a. a colori   b. in bianco e nero

5. Lucia pensa che si tratti di un _____.

   a. affarone   b. furto

CAPITOLO 8

Fratelli d'Italia?

▷ **Comprensione A.** Guarda il video clip e decidi se le seguenti affermazioni sono vere o false.

	Vero	Falso
1. Edoardo fa il volontario a un canile.	_____	_____
2. Edoardo lavora otto ore al giorno al canile.	_____	_____
3. Anche Silvia fa volontariato al canile.	_____	_____
4. Silvia serve i pasti caldi ai senzatetto.	_____	_____
5. Un uomo molto ricco ha lasciato i soldi per il canile.	_____	_____
6. Il canile non ha più bisogno delle donazioni.	_____	_____

Comprensione B. Scegli la risposta corretta in base a quello che hai visto e sentito nel video.

1. Ogni giorno Edoardo lavora due ore _____.

   a. in banca   b. al canile

2. Silvia lavora in una _____ dove si offre cibo ai senzatetto.

   a. associazione   b. mensa

3. Edoardo deve far _____ i cani.

   a. giocare   b. abbandonare

4. Una vecchia contessa ha lasciato il parco _____.

   a. in eredità   b. in affitto

5. Il canile oggi deve _____ alle donazioni.

   a. affidarsi   b. opporsi

CAPITOLO 9

Tutti in passerella?

▷ **Comprensione A.** Guarda il video clip e decidi se le seguenti affermazioni sono vere o false.

	Vero	Falso
1. Pierina vuole comprare un regalo per sua madre.	_____	_____
2. Pierina può spendere 190 euro.	_____	_____
3. L'anno scorso, Pierina ha dato un regalo molto speciale a sua madre.	_____	_____
4. La commessa propone un tailleur di Gucci.	_____	_____
5. Lo stile del tailleur è un po' vecchio.	_____	_____
6. Verde è il colore di moda quest'anno.	_____	_____

Comprensione B. Scegli la risposta corretta in base a quello che hai visto e sentito nel video.

1. Pierina vuole comprare qualcosa di _____.
   a. sociale   b. speciale

2. La commessa domanda su quale _____ vuole restare.
   a. cifra   b. taglia

3. Pierina vuole qualcosa che faccia restare a _____ aperta sua madre.
   a. bocca   b. borsa

4. Il tailleur è un _____ di tre anni fa.
   a. modello   b. abito

5. La _____ è proprio quella di sua madre.
   a. taglia   b. maglia

CAPITOLO 10

Fortunato al gioco, sfortunato in amore?

▷ **Comprensione A.** Guarda il video clip e decidi se le seguenti affermazioni sono vere, false o se il dato non è fornito.

	Vero	Falso	Dato non fornito
1. Gianfranco ha vinto duecento euro.	_____	_____	_____
2. Normalmente giocano a briscola.	_____	_____	_____
3. A briscola giocano sempre in due.	_____	_____	_____
4. Laura è un'esperta giocatrice di poker.	_____	_____	_____
5. Gianfranco è fortunato in amore.	_____	_____	_____

Comprensione B. Scegli la risposta corretta in base a quello che hai visto e sentito nel video.

1. Gianfranco ha perso quasi _____ euro.

   a. 200　　　　　　　　b. 1.000

2. Normalmente, giocano a _____.

   a. briscola　　　　　　b. poker

3. Giocare a poker è _____.

   a. sfortunato　　　　　b. illegale

4. Tra amici, non si dovrebbe giocare _____.

   a. a carte　　　　　　 b. a soldi

5. Massimo non vorrebbe che la _____ fosse contagiosa.

   a. fortuna　　　　　　 b. sfortuna

Capitolo 10 Fortunato al gioco, sfortunato in amore? 209

CAPITOLO 11

Chi li ha visti?

▷ **Comprensione A.** Guarda il video clip e decidi se le seguenti affermazioni sono vere, false o se il dato non è fornito.

	Vero	Falso	Dato non fornito
1. I ragazzi trovano cose nel ripostiglio che probabilmente hanno cento anni.	_____	_____	_____
2. C'è una spada antica.	_____	_____	_____
3. I fumetti valgono più di 2000 euro.	_____	_____	_____
4. Il padre della ragazza aveva la raccolta completa di Dylan Dog.	_____	_____	_____
5. Ci sono cose dei parenti dei due ragazzi nel ripostiglio.	_____	_____	_____

Comprensione B. Scegli la risposta corretta in base a quello che hai visto e sentito nel video.

1. Cristina mostra _____ di suo padre a Gianluca.

   a. la spada   b. i fumetti

2. I fumetti sono in _____.

   a. un tesoro   b. una scatola

3. C'è _____ di Tex Willer.

   a. il primo numero   b. la raccolta completa

4. Cristina e Gianluca _____.

   a. portano i fumetti in salotto   b. lasciano i fumetti nel ripostiglio

5. Il padre di Cristina le diceva di non _____.

   a. prendere i suoi fumetti   b. comprare fumetti

CAPITOLO 12

Italiani si diventa?

▷ **Comprensione A.** Guarda il video clip e scegli la risposta corretta.

1. Cosa cerca Wendy?

   a. un appartamento   b. l'università

2. Per quanto tempo Wendy studierà in quella città?

   a. tre mesi   b. un mese

3. Da quanto tempo il signor Giganti ha un appartamento libero?

   a. molto tempo   b. poco tempo

4. Quant'è l'affitto?

   a. 200 euro   b. 300 euro

5. Perché nell'appartamento c'è un cattivo odore?

   a. Il residente precedente aveva animali domestici.   b. Ci abitava un maiale.

6. Cosa pensa il signor Giganti quando Wendy se ne va?

   a. Pensa che Wendy sia snob.   b. Pensa che Wendy tornerà.

Comprensione B. Decidi se le seguenti affermazioni sono vere o false in base a quello che hai visto e sentito nel video.

	Vero	Falso
1. Wendy vede un cartello su cui è scritto «affittasi».	_____	_____
2. La luce, l'acqua e il gas non sono compresi nei 300 euro.	_____	_____
3. Il signor Giganti dice a Wendy che l'appartamento non è in perfette condizioni.	_____	_____
4. L'appartamento è pulito ma c'è un cattivo odore.	_____	_____
5. Wendy prenderebbe l'appartamento solo se non dovesse pagare l'affitto.	_____	_____